Le Livre de Poche Jeunesse

# 25 MÉTAMORPHOSES D'OVIDE

OVIDE / A. COLLOGNAT

# 25 MÉTAMORPHOSES D'OVIDE

Traduction de la collection Nisard
(J. J. Dubochet, Le Chevalier éditeurs, Paris, 1847)
entièrement revue et adaptée par Annie Collognat.

# Préface

## Le monde des *Métamorphoses*

L'ouvrage d'Ovide est à lui seul un passionnant guide de mythologie : une sorte de gigantesque roman d'aventures mêlant dieux, héros et monstres, qui rassemble, résume, explique les principales légendes de l'Antiquité gréco-romaine.

Dès sa parution, aux environs de l'an 8 après J.-C., il obtient un tel succès que, par la suite, il est sans cesse copié, recopié, étudié, traduit, commenté et imité. Les auteurs, mais aussi les artistes, peintres, sculpteurs, musiciens, y puisent d'innombrables sujets de récits, de scènes, de tableaux.

Le monde des *Métamorphoses* ressemble à celui des contes de fées : on y traverse le ciel avec des ailes aux pieds, on y croise des géants et des dragons, des jeunes gens courageux se battent pour délivrer des princesses, les fleuves ont des enfants, des hommes sont transformés en grenouilles, le soleil conduit un char de feu et le sommeil dort dans un palais caché dans les nuages, sur les tables des plats se changent en or, des cruches de vin se remplissent toutes seules. Bref, un monde merveilleux, magique et fantastique, où tout est possible : on admire le pouvoir de Jupiter qui lance des éclairs, on a peur avec Actéon qui est attaqué par ses propres chiens, on pleure avec Niobé qui voit ses quatorze enfants massacrés un par un, mais on rit aussi avec Midas et son bonnet d'âne...

Cette édition de vingt-cinq « métamorphoses », choisies parmi les histoires les plus représentatives de l'ouvrage d'Ovide, a pris le pari de la fidélité au texte original sans pour autant négliger le souci d'une lisibilité indispensable pour de jeunes (et moins jeunes) lecteurs d'aujourd'hui.

Elle espère ainsi restituer un peu de la magie de cet immense *carmen perpetuum* qui continue à enchanter le lecteur[1], au sens même du mot, puisque le *carmen* c'est à la fois le « chant » et le « charme » du poète qui, tel Orphée, attire jusqu'à lui tous les hommes, mais aussi les animaux, les plantes et les rochers par la seule force de sa voix[2].

Vingt-cinq histoires, annoncées par un « écran » original en V.O. (quelques vers latins emblématiques), à savourer comme un grand film fantastique, épique, poétique où le réalisateur est un virtuose des effets spéciaux les plus surprenants.

---

1. Voir « Pour découvrir Ovide et les *Métamorphoses* », pp. 181-187.
2. Voir p. 152.

# La création du monde et la naissance de l'homme

« Pronaque cum spectent animalia cetera terram,
os homini sublime dedit caelumque videre
iussit et erectos ad sidera tollere vultus :
sic, modo quae fuerat rudis et sine imagine, tellus
induit ignotas hominum conversa figuras. »

Livre I, vers 84 - 88

« Tandis que tous les autres animaux courbent la tête et regardent vers la terre, le créateur a donné à l'homme un visage qui se tient vers le haut : il a voulu qu'il puisse contempler le ciel et lever les yeux vers les astres. Ainsi la terre, qui n'était auparavant qu'une masse informe et grossière, s'est couverte par cette métamorphose de figures d'hommes jusqu'alors inconnues. »

Avant la création de la mer, de la terre et du ciel, qui est la voûte de l'univers, la nature entière ne présentait qu'un aspect uniforme : on a donné le nom de chaos à cette masse grossière, qui n'était qu'un bloc inerte, sans forme et sans vie, un entassement confus d'éléments discordants et mal unis entre eux. Le soleil ne donnait pas encore sa lumière au monde ; la lune ne faisait pas briller les cornes de son croissant ; la terre n'était pas suspendue dans l'air et elle n'avait pas trouvé l'équilibre de son propre poids ; la mer n'avait pas encore étendu autour de la terre ses bras immenses. Partout l'air, la mer et la terre étaient confondus : la terre n'avait pas de stabilité, l'eau n'était pas navigable, l'air manquait de lumière. Aucune substance n'avait encore reçu de forme distincte : ennemis les uns des autres, tous ces éléments rassemblés en désordre, le froid et le chaud, le sec et l'humide, les corps mous et les corps durs, les corps pesants et les corps légers, se livraient une éternelle guerre.

Si ce n'est pas la bienfaisante Nature elle-même, c'est un dieu qui mit fin à cette lutte en séparant la terre du ciel, l'eau de la terre, et l'air le plus limpide de l'air le plus épais. Quand il eut débrouillé ce chaos et séparé les éléments en marquant à chacun la place qu'il devait occuper, il établit entre eux les lois d'une immuable harmonie. Le feu brille et, comme il est entraîné par sa légèreté vers la voûte des cieux, il occupe la plus haute région de l'univers ; l'air, le plus léger après le feu, se place auprès de lui ; au-dessous, poussée par sa propre masse, la terre attire avec elle les plus lourds éléments et se tasse sous l'effet de son poids ; l'eau, enfin, se répand autour d'elle, se réfugie au fond de ses entrailles et entoure sa solide surface.

Après que ce dieu, quel qu'il fût, eut ainsi opéré le partage et la disposition de cet amas de matière, il façonna d'abord la terre, encore irrégulière par certains côtés, et il l'arrondit en un globe immense. Il ordonne aux mers de se répandre, de se soulever au souffle furieux des vents et d'encercler la terre de rivages. Il creuse les fontaines, les lacs, et les vastes marais ; il trace le cours des fleuves et fixe leurs rives sinueuses : selon les contrées, certains se perdent dans le sol, d'autres parviennent jusqu'à la mer, là où leurs eaux, laissées en liberté, ne vont plus battre des rives, mais des rivages. Enfin il aplanit les campagnes, abaisse les vallées, couvre les forêts de feuillage, élève les montagnes et les couronne de rochers.

Dès que le créateur eut fixé les limites qui devaient servir de barrière aux différents corps, les astres, auparavant ensevelis dans la nuit du chaos, commencèrent à briller dans toute l'étendue des cieux ; et afin que chaque région eût ses habitants, la voûte céleste devint la demeure des astres et des dieux, les eaux se peuplèrent de poissons, la terre de bêtes fauves, et l'air d'oiseaux qui agitent leurs ailes.

Mais il manquait encore un animal plus noble, doué d'une raison plus élevée, et fait pour commander aux autres. Alors l'homme naquit : soit le créateur de toutes choses, qui a tiré l'univers du chaos, le forma d'une semence divine ; soit la terre, qui venait à peine d'être séparée des purs rayons de l'éther, avait conservé en son sein des germes du ciel, vestiges de son ancienne alliance, et c'est cette terre fertile que le fils du Titan Japet, Prométhée, détrempa avec de l'eau pour la façonner à l'image des dieux, les maîtres de l'univers. Tandis que tous les autres animaux courbent la tête et regardent vers la terre, le créateur a donné à l'homme un visage qui se tient vers le haut : il a voulu qu'il puisse contempler le ciel et lever les yeux vers les astres. Ainsi la terre, qui n'était auparavant qu'une masse informe et grossière, s'est couverte par cette métamorphose de figures d'hommes jusqu'alors inconnues.

# Les quatre âges
# et le crime de Lycaon

« Territus ipse fugit nactusque silentia ruris
exululat frustraque loqui conatur : ab ipso
colligit os rabiem solitaeque cupidine caedis
vertitur in pecudes et nunc quoque sanguine gaudet.
In villos abeunt vestes, in crura lacerti :
fit lupus et veteris servat vestigia formae ;
canities eadem est, eadem violentia vultus,
idem oculi lucent, eadem feritatis imago est. »

Livre I, vers 232 - 239

« Lycaon s'enfuit, épouvanté. Il veut parler, mais en vain : seuls des hurlements troublent le silence de la campagne ; toute la rage qu'il avait dans le cœur se concentre dans sa bouche, et, toujours affamé de carnage, il déchaîne sa folie meurtrière contre les troupeaux. Ainsi tire-t-il toujours son plaisir du sang qu'il fait couler. Ses vêtements se changent en poils ; ses bras deviennent des jambes. C'est désormais un loup cruel, mais il a conservé quelques restes de son

> ancienne forme : la couleur grisonnante de ses cheveux est restée dans son poil ; le même air farouche, les mêmes yeux qui lancent des flammes : tout en lui respire cette férocité qui lui était naturelle. »

Sur la terre nouvellement formée, le temps s'écoulait et les générations se succédaient. Il y eut d'abord ce qu'on appelle le premier âge : un âge d'or où, d'elle-même, sans lois et sans contraintes, l'espèce humaine respectait la justice et l'honnêteté. On ne connaissait alors ni les châtiments ni même la peur des châtiments. On n'avait pas besoin de lire des textes de lois menaçantes gravés dans le bronze et la foule suppliante ne tremblait pas en présence de son juge, car les hommes n'avaient pas besoin de juges pour leur sécurité.

Jamais encore les pins arrachés des montagnes n'étaient descendus vers la plaine liquide de la mer pour aller visiter des mondes étrangers[1]. Les peuples ne connaissaient pas d'autres rivages que ceux de leur patrie et des remparts n'entouraient pas les cités. On n'entendait pas résonner la trompette ou le clairon qui annoncent la guerre : sans casques, sans épées, sans soldats, les hommes goûtaient la douce tranquillité de la paix.

La terre, vierge encore et libre de toute contrainte, ne sentait ni le coup de la bêche ni la blessure du soc de la charrue, et elle donnait ses fruits d'elle-même.

---

1. Allusion à l'invention de la navigation : le pin est le bois des bateaux.

Les hommes se contentaient des produits qu'elle leur offrait sans aucune culture : ils cueillaient les baies des montagnes, la fraise, la myrtille, la mûre attachée aux ronces épineuses ; ils ramassaient les glands tombés de l'arbre de Jupiter, le chêne aux vastes branches. Le printemps était éternel, et la tiède haleine des vents caressait doucement les fleurs écloses sans semence. Pour produire, la terre n'attendait pas les soins du laboureur, et les champs, sans travail, se couvraient d'abondantes moissons. Des fleuves de lait, des rivières de nectar coulaient dans les campagnes ; le miel tombait en gouttes blondes de l'écorce des chênes.

Mais le temps vint où Jupiter chassa son père, Saturne, et le précipita au fin fond des Enfers, dans les sombres abîmes du Tartare. Le nouveau maître soumit alors le monde à ses lois et sa victoire amena l'âge d'argent : il fut moins heureux que l'âge d'or, certes, mais il valait mieux que l'âge de bronze qui devait lui succéder. Jupiter abrégea la durée de l'antique printemps, et, dès lors, l'hiver, l'été, l'automne et le trop court printemps partagèrent en quatre saisons l'année divisée selon ses ordres. Pour la première fois l'air s'embrasa de chaleurs dévorantes et l'eau se durcit au souffle glacé des vents. Pour la première fois les hommes durent chercher des abris, et ces abris furent des grottes, des huttes faites d'épais feuillages ou de rameaux entrelacés d'écorce. Alors, pour la première fois on enfouit les semences des moissons dans de longs sillons et les taureaux gémirent sous le poids du joug de la charrue qu'ils durent se mettre à tirer.

Puis commença le troisième âge : l'âge de bronze. La race qu'il vit naître était plus farouche, plus prompte à prendre les armes, mais pas encore criminelle.

L'âge qui a la dureté du fer est venu le dernier. Dans ce temps forgé d'un métal pire que le bronze, tous les crimes envahirent la terre : on vit s'enfuir la pudeur, la vérité, la bonne foi, et régner à leur place la fraude, la ruse, la trahison et la violence, ainsi que la coupable soif de richesses. Le marin livra ses voiles aux vents qu'il connaissait mal encore. Les arbres qui, depuis si longtemps, se dressaient immobiles au sommet des montagnes s'en allèrent, transformés en navires, défier des flots inconnus. Sur la terre, jusque-là commune à tous, comme l'air et la lumière du soleil, l'arpenteur prudent se mit à tracer un long sillon et à marquer des limites pour protéger son bien.

L'homme ne se contenta plus de demander à la nature les moissons et les fruits qu'elle lui offrait sans compter. Il osa fouiller jusqu'au fond des entrailles de la terre pour en arracher ses trésors qu'elle avait cachés aux portes des Enfers, et qui aujourd'hui, hélas ! ne provoquent que des malheurs. Bientôt le fer nuisible et l'or, plus nuisible encore que le fer, paraissent au jour ; avec eux paraît aussi la guerre, qui se sert de ces deux métaux pour faire combattre les hommes en mettant dans leurs mains ensanglantées des armes redoutables.

Les hommes ne vivent plus que de pillage ; l'hôte

n'est plus en sûreté auprès de son hôte, le beau-père auprès de son gendre ; même entre frères l'entente se fait rare ; l'époux trame la mort de son épouse, l'épouse celle de son époux ; les cruelles marâtres préparent le poison mortel de la ciguë ; le fils surveille l'âge de son père dans l'espoir de le voir disparaître ; les droits du sang et le respect de la famille sont foulés aux pieds. Alors, de toutes les divinités, la Justice inviolable quitte la dernière le séjour de la terre, que les meurtres ont souillée de sang.

Mais le ciel lui-même ne devait pas être un refuge plus sûr que la terre : on raconte que les Géants osèrent l'attaquer et que, pour monter jusqu'aux astres, ils entassèrent les montagnes les unes sur les autres. Alors Jupiter, le tout-puissant maître des dieux, foudroya le mont Olympe[1] et fit s'écrouler le Pélion élevé sur l'Ossa. Les corps monstrueux des Géants furent ensevelis sous les masses que leurs mains criminelles avaient amoncelées. On raconte que la terre, toute imbibée du sang de ses enfants, ne voulut pas voir périr les dernier rejetons de cette race cruelle. De ce sang encore fumant elle fit naître d'autres êtres à face humaine. Mais cette race méprisa les dieux : assoiffée de violence et de carnage, elle trahissait sa sanglante origine.

---

1. Cette célèbre montagne du nord de la Grèce (2 917 mètres) passe pour être le séjour des dieux, que l'on nomme précisément « olympiens ». Le Pélion et l'Ossa sont deux montagnes de Thessalie : selon la légende, les Géants, fils de la Terre, les avaient entassées l'une sur l'autre pour monter jusqu'au ciel.

Depuis son palais, tout en haut du ciel, Jupiter, le fils de Saturne, voit les crimes qui se répandent sur la terre ; il gémit. Il se souvient précisément de l'horrible festin du roi d'Arcadie Lycaon et ce souvenir allume dans son cœur un courroux terrible, digne du maître du monde. Il convoque le conseil des dieux : aussitôt ils accourent pour obéir à son ordre. Lorsque tous les dieux ont pris place sur des sièges de marbre, Jupiter, qui est assis lui-même sur un trône plus élevé, la main droite posée sur son sceptre d'ivoire, agite trois ou quatre fois sa redoutable chevelure autour de sa tête : la terre, la mer et le ciel même en sont ébranlés. Alors, il exprime son indignation en ces termes :

— Non, je n'ai pas été plus alarmé pour le royaume du monde au temps où les Géants avec leurs jambes en queue de serpents et leurs cent bras monstrueux menaçaient d'envahir le ciel ! C'étaient de terribles ennemis, mais cette guerre n'avait pour cause qu'un seul crime, commis par une seule race. Or, aujourd'hui, je ne vois partout que des coupables sur toute l'étendue du globe terrestre, et c'est le genre humain tout entier qu'il me faut anéantir. Je le jure par les fleuves souterrains qui coulent aux Enfers, j'ai tout tenté jusqu'ici pour sauver les hommes ; mais le mal est incurable ! Quand un corps est malade, il faut trancher avec le fer la partie qui a été atteinte, de peur que la maladie gagne les parties encore saines. J'ai mis sous mon autorité les demi-dieux et les divinités champêtres, les nymphes, les faunes, les satyres, les sylvains qui habitent les montagnes[1]. Puisque nous ne les avons pas encore jugés dignes de partager nos honneurs divins, laissons-les au moins jouir en paix de l'asile que nous leur avons donné sur la terre. Mais pouvez-vous croire qu'ils y seront en sécurité, quand j'ai vu, moi, votre maître, le maître de la foudre, un homme oser tramer ses pièges contre moi, ce Lycaon bien connu pour sa férocité ?

Tous les dieux frémissent à ces mots et réclament la punition du criminel. Jupiter apaise les murmures du geste et de la voix ; malgré l'indignation générale, le respect impose le silence et le maître des dieux reprend son discours :

— Le coupable est puni : rassurez-vous ! Apprenez donc à la fois et le crime et la vengeance. Les bruits et les rumeurs concernant les comportements indignes des hommes avaient déjà frappé mes oreilles, mais j'espérais encore que ce n'étaient que des mensonges. Alors, pour vérifier par moi-même, je descends des hauteurs du mont Olympe, je cache ma nature divine sous l'apparence d'un simple mortel et je parcours la terre. Il serait trop long d'énumérer les

---

1. Selon la mythologie gréco-latine, la terre est peuplée de nombreuses divinités champêtres. Les nymphes (en grec « jeunes filles ») sont des divinités féminines ; elles sont aussi nommées selon le lieu où elles vivent : les naïades peuplent les fleuves, les sources ou les fontaines (leur nom vient du verbe grec *naïein*, couler) ; les dryades vivent dans les arbres, surtout les chênes (*dryes*, en grec), les oréades dans les collines (*oroi* en grec). Faunes, satyres et sylvains sont des divinités masculines, souvent représentées avec des cornes et des pieds de bouc.

crimes dont j'ai été le témoin, car la réalité, hélas ! dépassait les récits les plus effrayants.

Arrivé au cœur du Péloponnèse, en Arcadie, je pénètre dans la demeure inhospitalière du tyran qui régnait sur le pays, à l'heure où le crépuscule annonce la nuit qui s'avance. Je décide d'abord de révéler par des signes manifestes la présence d'un dieu, et, déjà, le peuple se mettait à prier pour me rendre hommage. Mais voilà que le roi Lycaon se moque de leur pieuse crédulité. « Je vais vérifier, proclame-t-il avec insolence, si ce voyageur est un dieu ou un mortel, et l'épreuve ne laissera aucun doute ! » Lycaon s'apprêtait à me surprendre pendant la nuit, au moment où je dormirais, pour essayer de me tuer. Voilà l'épreuve que préparait le perfide pour connaître la vérité.

Mais cela ne lui suffit pas ! Il égorge devant moi l'un des otages que lui avait envoyés le peuple des Molosses, vaincus à la guerre. Il fait bouillir une partie des membres encore palpitants de la victime et fait rôtir l'autre sur la flamme. Enfin, il ose me servir le tout à manger comme autant de mets à déguster. Je suis horrifié ! Aussitôt ma foudre vengeresse frappe son palais : elle fait s'écrouler cette sinistre demeure, bien digne d'un tel maître. Lycaon s'enfuit, épouvanté. Il veut parler, mais en vain : seuls des hurlements troublent le silence de la campagne ; toute la rage qu'il avait dans le cœur se concentre dans sa bouche, et, constamment affamé de carnage, il déchaîne sa folie meurtrière contre les troupeaux. Ainsi tire-t-il toujours son plaisir du sang qu'il fait couler. Ses vêtements se changent en poils ; ses bras deviennent des jambes. C'est désormais un loup cruel, mais il a conservé quelques restes de son ancienne forme[1] : la couleur grisonnante de ses cheveux est restée dans son poil ; le même air farouche, les mêmes yeux qui lancent des flammes : tout en lui respire cette férocité qui lui était naturelle.

---

1. En grec le mot *lykos* désigne le loup. « Lycaon » est un synonyme de « lycanthrope » (« loup » + « homme » en grec), qui est le nom savant du loup-garou.

# Le déluge

« Exspatiata ruunt per apertos flumina campos
cumque satis arbusta simul pecudesque virosque
tectaque cumque suis rapiunt penetralia sacris.
Si qua domus mansit potuitque resistere tanto
indeiecta malo, culmen tamen altior huius
unda tegit pressaeque labant sub gurgite turres.
Iamque mare et tellus nullum discrimen habebant :
omnia pontus erant, deerant quoque litora ponto. »

Livre I, vers 285 - 292

« Les fleuves qui ont débordé roulent à travers les campagnes, entraînant pêle-mêle les récoltes et les arbres, les troupeaux, les hommes, les maisons et les sanctuaires des dieux, avec leurs objets sacrés. Si quelque édifice reste encore debout et résiste à la fureur des flots, l'eau en couvre aussitôt le faîte, et les plus hautes tours chancellent pour sombrer dans un profond abîme. Déjà il n'y avait plus de différence entre la mer et la terre. Tout était mer, et la mer n'avait plus de rivages. »

Une seule maison, celle du cruel Lycaon, venait d'être frappée par Jupiter, mais plus d'une méritait le même sort. Le maître des dieux n'a pas calmé sa colère ; il tonne du haut de l'Olympe :

— Sur toute la surface de la terre se déchaînent les sauvages Furies qui traquent les criminels sans répit. On dirait que les hommes se sont tous unis par serment pour commettre le pire : qu'ils périssent tous sur-le-champ ! ils l'ont tous mérité. Ma décision est irrévocable !

Les dieux approuvent les paroles de Jupiter : les uns par de bruyantes acclamations, qui excitent encore sa colère, les autres en gardant un silence respectueux. Cependant la perte du genre humain est pour tous un sujet de douleur. Que deviendra la terre, veuve de ses habitants ? Qui désormais brûlera l'encens sur leurs autels ? Va-t-il donc livrer le monde à la fureur des bêtes féroces ? Mais le souverain des dieux répond qu'il se charge de tout : il fait cesser leurs demandes et leur inquiétude en leur promettant une nouvelle race d'hommes, différente de la première, et dont l'origine sera merveilleuse.

Jupiter est déjà prêt à foudroyer toute la terre, mais il craint que tant de feux partout allumés n'embrasent la voûte du ciel et ne consument l'axe du monde dans toute sa longueur. Il se souvient que le Destin lui-même a fixé dans l'avenir un temps où la mer, la terre et le palais céleste seront dévorés par les flammes, où la machine merveilleuse du monde s'écroulera dans un immense incendie. Il dépose alors les traits de sa foudre forgés par les Cyclopes et choisit un autre genre de châtiment : il veut engloutir le genre humain sous les eaux, qui, de toutes les parties du ciel, se répandront en torrents sur la terre. Aussitôt, il enferme l'Aquilon et tous les vents capables de chasser les nuages dans les grottes d'Éole, le dieu qui règne sur eux ; il ne laisse que l'Autan en liberté.

L'Autan, le vent du sud qui apporte les orages, vole, porté par ses ailes humides. Son visage terrible est couvert d'un épais et sombre nuage, sa barbe est chargée de brouillards, sur son front s'assemblent les brumes ; la pluie ruisselle de ses cheveux blancs, de ses ailes et de sa vaste poitrine. Dès que sa large main a pressé les nuages suspendus dans les airs, un énorme fracas retentit et des trombes d'eau s'abattent du haut du ciel. La messagère de Junon, Iris, vêtue de sa robe aux couleurs changeantes de l'arc-en-ciel, aspire même l'eau pour alimenter les nuages.

Les moissons sont renversées, détruites irrémédiablement, et le laboureur voit disparaître en un seul instant tout le fruit de l'année et de ses longs travaux. Les eaux qui tombent du ciel ne suffisent pas à la colère de Jupiter : le roi des mers, son frère Neptune, lui apporte le renfort de ses flots. Il convoque les dieux des fleuves, et, dès qu'ils sont entrés dans son palais, il leur dit :

— Pas besoin de longs discours ! Il s'agit de déchaîner toutes vos forces : allez, ouvrez vos demeures, libérez vos sources, renversez vos digues, et lancez vos flots à bride abattue, comme des chevaux au galop.

L'ordre est donné ; les fleuves obéissent, font tomber les barrières qui retiennent leurs eaux, se précipitent vers la mer dans une course effrénée. Neptune lui-même frappe la terre de son trident : elle tremble, et les flots s'élancent des gouffres entrouverts.

Les fleuves qui ont débordé roulent à travers les campagnes, entraînant pêle-mêle les récoltes et les arbres, les troupeaux, les hommes, les maisons et les sanctuaires des dieux, avec leurs objets sacrés. Si quelque édifice reste encore debout et résiste à la fureur des flots, l'eau en couvre aussitôt le faîte, et les plus hautes tours chancellent pour sombrer dans un profond abîme. Déjà il n'y avait plus de différence entre la mer et la terre. Tout était mer, et la mer n'avait plus de rivages.

Le déluge s'abat sur les hommes. L'un essaie de gagner le sommet d'une colline, l'autre se jette dans une barque et agite la rame dans le champ où naguère il conduisait la charrue. Celui-ci navigue au-dessus de ses moissons ou du toit de sa ferme submergée, celui-là trouve des poissons sur la cime d'un ormeau. Si, par hasard, on peut jeter l'ancre, c'est dans l'herbe d'une prairie qu'elle va s'arrêter ; les barques s'ouvrent un chemin sur les coteaux qui portaient la vigne ; des phoques posent leur corps bien gras là où broutaient encore récemment les chèvres si légères. Les filles du vieux Nérée, dont le palais est sous la mer, s'étonnent de voir au fond des eaux des bois, des maisons, des villes. Les dauphins habitent les forêts et bondissent sur les plus hautes branches des chênes qu'ils ébranlent par de violentes secousses. Le loup nage au milieu des brebis ; les flots charrient les lions au poil fauve et les tigres farouches ; les sangliers ne peuvent plus compter sur leur force, ni les cerfs sur leur vitesse pour échapper au danger. Fatigué de chercher en vain la terre pour s'y poser, l'oiseau errant se laisse tomber dans la mer. L'immense débordement des eaux avait couvert les montagnes, et, pour la première fois, leurs sommets étaient battus par les vagues. La plus grande partie des êtres vivants a péri dans les flots ; ceux que le déluge a épargnés meurent de faim.

Cependant, une montagne escarpée élevait très haut sa cime : on l'appelle le Parnasse et son sommet domine les nuages. C'est sur cette montagne, le seul endroit de la terre que les eaux n'avaient pas recouvert, que s'arrêta la petite barque portant Deucalion et sa femme Pyrrha. Dès que le couple put poser pied à terre, il adressa des prières aux nymphes ainsi qu'aux autres divinités du Parnasse et à la déesse Thémis, très vénérée en cet endroit car elle y révélait alors l'avenir par ses oracles. Jamais homme n'eut plus de zèle que Deucalion pour la vertu et pour la justice, jamais femme n'eut pour les dieux plus de respect que Pyrrha.

Quand Jupiter voit que le globe terrestre inondé n'est plus qu'une vaste mer, et que de tant de milliers d'hommes, de tant de milliers de femmes qui l'habitaient, il ne reste plus qu'un homme et qu'une femme, un couple innocent et très respectueux envers les dieux, il écarte les nuages, ordonne à l'Aquilon de les chasser, et découvre enfin la terre au ciel et le ciel à la terre. Alors la colère de la mer s'apaise ; le souverain des eaux dépose son trident et rétablit le calme dans son empire. Il appelle son fils Triton, dont le corps bleu azur est couvert de précieux coquillages. Il lui commande de souffler dans sa conque sonore pour donner aux flots de la mer et des fleuves le signal de la retraite. Dès que Triton a posé sur cette sorte de clairon ses lèvres humides, sous sa barbe ruisselante d'eau, l'ordre de Neptune résonne : en l'entendant, l'Océan et les fleuves reculent. Déjà la mer a retrouvé ses rivages ; les fleuves décroissent et rentrent dans leur lit, assez large pour les contenir tout entiers ; les collines semblent sortir des eaux, la terre surgit par degrés, et paraît s'élever à mesure que les eaux s'abaissent ; si longtemps cachés sous les flots, les arbres découvrent leurs têtes dépouillées de feuillage et chargées encore de limon.

Le monde était enfin rendu à lui-même.

# Deucalion et Pyrrha

« Saxa – quis hoc credat, nisi sit pro teste vetustas ? –
ponere duritiem coepere suumque rigorem
mollirique mora mollitaque ducere formam.
Mox ubi creverunt naturaque mitior illis
contigit, ut quaedam, sic non manifesta videri
forma potest hominis, sed uti de marmore coepta
non exacta satis rudibusque simillima signis.
Quae tamen ex illis aliquo pars humida suco
et terrena fuit, versa est in corporis usum ;
quod solidum est flectique nequit, mutatur in ossa,
quae modo vena fuit, sub eodem nomine mansit. »

Livre I, vers 400 - 410

« Ces cailloux – qui le croirait, si un récit fort ancien n'en rendait témoignage ? – perdent leur dureté et leur aspect figé : ils s'amollissent peu à peu, et, tout en s'amollissant, ils prennent une forme nouvelle. À mesure que leur volume augmente et que leur matière s'assouplit, ils offrent une vague image de l'homme, une image encore imparfaite et grossière, comme en présente le marbre sur lequel le ciseau du sculpteur n'a ébauché que les premiers traits d'une figure humaine. La partie de ces pierres où restait un peu d'humidité et de terre devient de la chair, tandis que la partie la plus solide et la plus dure se transforme en os ; ce qui était veine dans la pierre conserve et sa forme et son nom. »

Le déluge était terminé. La terre était dévastée. À la vue des grands espaces déserts et désolés, où régnait désormais un morne silence, Deucalion ne peut retenir ses larmes et se tourne vers Pyrrha :

— Ô ma sœur[1] ! ô ma femme ! toi la seule survivante parmi les femmes, toi à qui je suis uni par la communauté du sang, par le lien fraternel de nos pères, et par le mariage, nous voici encore plus unis par le malheur ! Partout où il brille, de l'aurore au couchant, le soleil ne voit que nous deux sur la terre. Nous sommes à nous deux le genre humain, tout le reste est enseveli sous les eaux. Je n'ose même pas croire encore à notre salut : ces nuages suspendus sur nos têtes m'épouvantent toujours. Ô malheureuse femme ! si le ciel t'avait sauvée sans me sauver, quel serait aujourd'hui ton destin ? si tu étais seule, qui t'aiderait à surmonter ta peur ? qui consolerait ta douleur ? Ah ! crois-moi, chère épouse, si la mer t'avait engloutie sans moi, je t'aurais suivie, et la mer nous

1. Deucalion, fils de Prométhée, et Pyrrha, fille d'Épiméthée (le frère jumeau de Prométhée), sont cousins germains, ce qui, dans l'Antiquité, est considéré comme un lien aussi fort que le lien fraternel.

aurait engloutis tous les deux ! Si seulement je pouvais, à l'exemple de mon père, faire naître une nouvelle race d'hommes[1], et, comme lui, insuffler la vie à l'argile pétrie de mes mains ! Aujourd'hui, nous sommes, à nous deux, tout ce qui subsiste de l'espèce humaine. Les dieux l'ont voulu ainsi : nous restons comme seuls exemplaires de l'humanité.

Deucalion et Pyrrha pleuraient. Ils décident alors d'implorer le secours des dieux et d'aller consulter l'oracle sacré. Sans tarder, ils se rendent ensemble sur les bords du fleuve Céphise, dont les flots, encore boueux, avaient déjà retrouvé leur lit ordinaire. Après avoir puisé un peu d'eau dans son cours, ils la versent sur leur tête et leurs vêtements en suivant religieusement les rites, puis ils se dirigent vers le sanctuaire de la vénérable déesse Thémis. Le toit de son temple était couvert par la boue et la mousse ; le feu de ses autels était éteint.

Dès que Deucalion et Pyrrha ont posé le pied sur le seuil du temple, ils se prosternent l'un et l'autre la face contre terre, ils baisent le marbre humide avec une sainte frayeur.

— Si les dieux, disent-ils, se laissent fléchir par les humbles prières des mortels, si on peut encore apaiser leur colère, apprends-nous, ô Thémis, comment réparer la ruine du genre humain ! accorde ton aide, ô déesse miséricordieuse, au monde qui a disparu sous les eaux !

Émue par cette prière, la déesse rend cet oracle :

---

1. Voir pp. 11-12.

— Éloignez-vous du temple, voilez-vous la tête, détachez la ceinture de vos vêtements et jetez derrière vous les os de votre grande mère.

Frappés d'étonnement, Deucalion et Pyrrha restent longtemps sans voix. Pyrrha, la première, rompt le silence et refuse d'obéir aux ordres de la déesse. Elle la prie, en tremblant, de lui pardonner car elle ne veut pas insulter la mémoire de sa mère en dispersant ses os. Cependant, le couple cherche ensemble le sens mystérieux que cachent les paroles surprenantes de l'oracle : ils les tournent et retournent sans cesse dans leur esprit. Enfin, Deucalion calme l'angoisse de Pyrrha par ces paroles rassurantes :

— Ou bien je suis trompé par mon intuition, ou bien l'oracle reconnaît le respect des enfants pour leur famille et ne nous conseille aucun crime. Notre grande mère, c'est la terre, et les pierres, enfermées dans le corps de la terre, sont ce qu'il appelle les os, j'en suis convaincu. Voilà ce qu'il nous ordonne de jeter derrière nous.

Cette interprétation ébranle Pyrrha. Elle se met à espérer, mais son espérance reste pleine de doute : tous deux ont encore tant de méfiance à l'égard des décisions divines ! Pourtant que risquent-ils à tenter l'épreuve ? Ils s'éloignent, et, la tête voilée, la ceinture dénouée, selon l'ordre de Thémis, ils marchent en jetant des cailloux derrière eux. Ces cailloux – qui le croirait, si un récit fort ancien n'en rendait témoignage ? – perdent leur dureté et leur aspect figé : ils s'amollissent peu à peu, et, tout en s'amollissant, ils prennent une forme nouvelle. À mesure que leur volume augmente et que leur matière s'assouplit, ils offrent une vague image de l'homme, une image encore imparfaite et grossière, comme en présente le marbre sur lequel le ciseau du sculpteur n'a ébauché que les premiers traits d'une figure humaine. La partie de ces pierres où restait un peu d'humidité et de terre devient de la chair, tandis que la partie la plus solide et la plus dure se transforme en os ; ce qui était veine dans la pierre conserve et sa forme et son nom. Ainsi, dans un court espace de temps, la puissance des dieux change en hommes les cailloux lancés par Deucalion et en femmes ceux jetés par Pyrrha. C'est de là que nous venons et voilà pourquoi nous sommes une race dure, qui endure le travail et la fatigue : nous donnons sans cesse nous-mêmes la preuve de notre origine.

# Apollon et Daphné

« Vix prece finita torpor gravis occupat artus,
mollia cinguntur tenui praecordia libro,
in frondem crines, in ramos bracchia crescunt,
pes, modo tam velox, pigris radicibus haeret,
ora cacumen habent : remanet nitor unus in illa. »

Livre I, vers 548 - 552

« À peine achevait-elle sa prière, que Daphné sent ses membres s'engourdir ; une fine écorce enveloppe sa poitrine délicate ; ses cheveux se changent en feuillage, ses bras s'allongent en rameaux ; ses pieds, tout à l'heure si rapides, prennent racine et s'attachent à la terre ; la cime d'un arbre couronne sa tête ; il ne reste plus d'elle-même que l'éclat de sa beauté passée. »

Le premier amour d'Apollon fut Daphné, fille du fleuve Pénée[1]. Cette passion ne fut point l'ouvrage d'un hasard aveugle, mais celui de la vengeance de

1. Daphné est une nymphe. Les nymphes sont des divinités

Cupidon, le dieu de l'amour. En effet, Apollon, fier de sa puissance, avait osé se moquer de Cupidon qui était en train de tendre la corde de son arc :

— Pauvre petit enfant fragile, avait-il ironisé, qu'as-tu à faire de ces armes trop lourdes pour toi ? Cet arc, tu le vois bien, ne convient qu'à un dieu capable de frapper sans faiblir les bêtes sauvages à la chasse comme les ennemis à la guerre !... Il est pour moi, moi le dieu qui vient d'abattre, sous une pluie de flèches, le monstrueux serpent Python au souffle empoisonné. Toi, contente-toi d'allumer avec ton flambeau je ne sais quelles flammes amoureuses et garde-toi bien de prétendre que tu peux rivaliser avec mes triomphes.

Cupidon, le fils de Vénus, lui répond :

— Certes, rien n'échappe à tes flèches, mon cher Apollon, mais toi tu n'échapperas pas aux miennes ! autant tu l'emportes sur tous les animaux, autant ma gloire est au-dessus de la tienne.

À ces mots, il fend l'air d'un coup de ses ailes rapides, s'élève dans le ciel et se pose sur le sommet ombragé du mont Parnasse. Sans perdre un instant, il tire de son carquois deux flèches dont les effets sont bien différents : l'une fait naître l'amour et l'autre le fait fuir. La première est dorée, sa pointe est acérée et brillante ; la seconde est de plomb et sa pointe est émoussée. Avec cette flèche précisément Cupidon atteint la nymphe Daphné, fille du fleuve Pénée. Mais

---

champêtres qui peuplent les forêts, les montagnes, les prairies et les sources (voir p. 19).

avec l'autre il blesse Apollon et le transperce jusqu'à la moelle des os. Apollon se met à aimer aussitôt, et Daphné à haïr jusqu'au nom de son amant.

Comme Diane, la chaste déesse de la chasse, Daphné se plaît à parcourir les bois, à la poursuite des bêtes féroces, et elle se pare de leurs dépouilles. Une simple bandelette rassemble négligemment ses cheveux qu'elle n'a pas pris la peine de coiffer. Beaucoup de prétendants lui ont déjà offert leurs hommages ; elle les a rejetés. Pleine d'un dédain sauvage pour les hommes qu'elle ne connaît pas encore, elle se promène seule dans la forêt. L'amour, le mariage et ses liens ? Elle s'en moque. Souvent son père lui a dit :

— Ma fille, tu me dois un gendre.

Il lui a répété souvent :

— Ma fille, tu me dois des petits-enfants.

Mais Daphné repousse comme un crime la pensée d'allumer les flambeaux du mariage ; elle rougit, et cette rougeur de honte donne un charme supplémentaire à sa beauté. Suspendue au cou de son père qu'elle enlace de ses bras caressants, elle supplie :

— Père bien-aimé, permets-moi de garder toujours ma virginité ! Jupiter a bien accordé cette grâce à sa fille Diane !

Pénée cède au souhait de sa fille : inutile victoire ! tes charmes sont trop puissants, Daphné ! ils s'opposent à tes prières, et ta beauté fait obstacle à ton souhait.

Cependant Apollon aime : il a vu Daphné et il veut s'unir à elle. Le dieu espère qu'il va obtenir ce qu'il désire : espérance vaine ! car son oracle le trompe lui-même. Comme le chaume léger se consume quand on y met le feu après la moisson, comme une haie s'embrase au contact d'une torche abandonnée par un passant imprudent, ainsi s'embrase et se consume le cœur d'Apollon. Plus il brûle, plus il nourrit une flamme inutile. Il contemple les cheveux de la nymphe flottant négligemment sur ses épaules.

— Et que serait-ce, dit-il, si elle prenait soin de sa coiffure ?

Il voit ses yeux briller comme des étoiles ; il voit sa charmante petite bouche, mais il ne lui suffit plus de la voir ! Il admire ses doigts, ses mains, ses poignets et ses bras presque nus. Ce que le voile cache à ses yeux, son imagination l'embellit encore davantage.

Mais Daphné fuit, plus rapide que le vent, et c'est en vain qu'Apollon cherche à la retenir par ses discours :

— Chère nymphe, fille de Pénée, je t'en prie, arrête ! ce n'est pas un ennemi qui te poursuit ! Arrête, Daphné, arrête ! La brebis fuit le loup, la biche le lion, et devant l'aigle s'envole la tremblante colombe : chacune se dérobe à son ennemi. Mais moi, c'est l'amour qui me précipite sur tes pas, malheureux que je suis ! Prends garde de tomber ! je ne veux pas que ces épines cruelles blessent tes pieds délicats ! Je ne veux pas être pour toi une cause de douleur ! Les sentiers où tu cours sont rudes et difficiles. Ah ! de grâce, modère ta vitesse, je t'en supplie, ralentis ta fuite, et je ralentirai moi-même mon ardeur à te suivre. Apprends au moins à reconnaître celui qui t'aime. Ce n'est pas un rude montagnard, ni un berger inculte chargé de la garde des bœufs et des brebis ! imprudente, tu ne sais pas qui tu fuis, tu ne le sais pas, et c'est pour cela que tu fuis ! Je suis le maître de Delphes ; les peuples de Claros, de Ténédos et de Patare obéissent à mes lois et entretiennent mes temples. Jupiter est mon père. Je suis le maître de l'oracle : ma bouche dévoile aux mortels l'avenir, le passé et le présent. Je suis le maître de la musique : les hommes me doivent l'art d'unir aux accents de la lyre les accents de la voix. Mes flèches sont redoutables : elles parviennent au but à tous les coups. Hélas ! il en est une plus redoutable encore qui m'a transpercé le cœur. Je suis l'inventeur de la médecine : le monde entier m'honore comme un dieu secourable et je connais parfaitement toutes les plantes dont on tire des remèdes. Mais en existe-t-il une qui guérisse du mal d'amour ? Mon art est utile à tous les hommes, mais, hélas ! il est impuissant pour moi-même !

Le dieu allait en dire davantage... Daphné, saisie d'effroi, accélère sa fuite et laisse bien loin derrière elle Apollon et ses discours inachevés. Elle fuit, et le dieu lui trouve encore plus de charme : le souffle du vent soulève les plis légers de sa robe entrouverte ; une brise légère fait flotter en arrière ses cheveux épars. Sa course éperdue ne fait qu'embellir sa beauté. Apollon en a assez de perdre du temps en tendres prières, et, de plus en plus impatient, il se laisse emporter par l'amour sur les traces de Daphné. Quand un lévrier découvre un lièvre dans la plaine, on voit ainsi courir les deux animaux à la même vitesse, l'un pour sa proie, l'autre pour son salut. Le chien semble voler pour s'emparer du lièvre ; il croit déjà le happer, le cou tendu, la gueule ouverte. Le lièvre, qui n'est pas encore pris, évite la gueule béante de son ennemi et échappe à ses crocs déjà prêts à le saisir. Ainsi voit-on Apollon et Daphné : l'impatience excite le dieu, la peur rend la nymphe toujours plus rapide. Mais Apollon est soutenu par les ailes de l'amour : il vole, il poursuit la nymphe sans relâche. Déjà, penché sur les épaules de la fugitive, il effleure du souffle de son haleine ses cheveux flottants. Daphné est à bout de forces ; elle pâlit et, brisée par la fatigue, elle tourne les yeux vers les eaux du Pénée.

— Mon père, je t'en supplie, viens à mon secours ! s'écrie-t-elle. Aide-moi ! s'il est vrai que les fleuves ont un pouvoir divin, délivre-moi par une métamorphose de cette beauté qui cause mon malheur !

À peine achevait-elle sa prière que Daphné sent ses membres s'engourdir ; une fine écorce enveloppe sa poitrine délicate ; ses cheveux se changent en feuillage, ses bras s'allongent en rameaux ; ses pieds, tout à l'heure si rapides, prennent racine et s'attachent à la terre ; la cime d'un arbre couronne sa tête ; il ne reste plus d'elle-même que l'éclat de sa beauté passée. Cependant Apollon l'aime toujours : il pose sa main droite sur ce qui est désormais le tronc d'un arbre et, sous l'écorce naissante, il sent encore palpiter le cœur de Daphné. Ce sont de jeunes rameaux qu'il enlace, au lieu des bras de la nymphe ; c'est du bois qu'il embrasse, mais l'arbre repousse ses baisers. Alors le dieu s'exclame :

— Ah ! puisque tu ne peux être mon épouse, du

moins tu seras mon arbre ! Désormais et pour toujours, cher laurier, ton feuillage viendra couronner mes cheveux, ma lyre et mon carquois. De même que ma longue chevelure flamboyante conserve une éternelle jeunesse car elle n'est jamais coupée, de même, je le veux, la tienne sera faite d'un feuillage verdoyant qui ne se fanera jamais.

Apollon avait fini de parler. Alors le laurier inclina ses jeunes rameaux et agita doucement sa cime : c'était le signe de tête de Daphné[1], qui admettait enfin les faveurs d'Apollon.

1. En grec le mot *daphné* désigne le laurier.

# L'audace de Phaéthon

« Consternantur equi, et saltu in contraria facto
colla iugo eripiunt abruptaque lora relinquunt.
Illic frena iacent, illic temone revulsus
axis, in hac radii fractarum parte rotarum
sparsaque sunt late laceri vestigia currus.
At Phaethon, rutilos flamma populante capillos,
volvitur in praeceps longoque per aera tractu
fertur, ut interdum de caelo stella sereno
etsi non cecidit, potuit cecidisse videri. »

Livre II, vers 314 - 322

« Les chevaux s'affolent, bondissent en sens contraire, retirent violemment leur cou du joug, brisent leur harnais qu'ils laissent à l'abandon. Ici gisent les rênes, là, l'essieu arraché du timon ; plus loin, les rayons des roues fracassées et les débris du char qui a volé en éclats, éparpillés sur un large espace. Le feu dévore la flamboyante chevelure de Phaéthon ; l'imprudent roule et tombe la tête la première. Il laisse dans les airs une longue traînée de lumière, comme une étoile qui, du haut d'un ciel serein, tombe, ou du moins paraît tomber. »

Phaéthon est si fier d'être le fils du Soleil qu'il ne cesse de se glorifier de son illustre origine. Un jour, Épaphus, qui se vante de son côté d'être le fils de Jupiter[1], le met ainsi au défi :

— Tu es un fou prétentieux si tu crois les discours de ta mère : ce ne sont que des mensonges ! si tu es vraiment le fils du Soleil, prouve-le !

Phaéthon rougit. La honte étouffe sa colère : il se précipite chez sa mère Clymène pour lui raconter l'insulte d'Épaphus :

— C'est un comble, ma mère ! moi qui suis si vif et si franc, moi qui suis si fier, j'ai dû garder le silence ! Quelle honte ! on nous a fait un pareil affront, et je n'ai pu le démentir ! Ah ! si je suis bien du sang des dieux, donne-moi la preuve de mon illustre naissance ! Montre que j'ai droit au ciel !

À ces mots, il jette ses bras autour du cou de sa mère, il la supplie pour défendre son honneur et celui de toute sa famille de lui faire connaître son père à des signes indubitables. On ne sait si Clymène fut émue par les prières de son fils ou irritée par l'outrage qui lui était fait. Toujours est-il qu'elle lève les bras au ciel et s'écrie en fixant les yeux sur le soleil :

— Par ces rayons étincelants, par cet astre qui nous voit et qui nous entend, je te le jure, mon fils, ce soleil que tu contemples, ce soleil qui gouverne le monde

1. Voir p. 63.

est bien ton père ! Si je mens, qu'il me retire lui-même sa lumière et que ce jour soit pour moi le dernier ! Tu peux visiter le palais de ton père sans faire un grand voyage. L'Orient, où il réside, touche au bord de notre pays. Si tu le désires, monte jusqu'à lui et va l'interroger lui-même !

Phaéthon tressaille de joie aux paroles de sa mère : il se croit déjà transporté dans les cieux. Il traverse l'Éthiopie, puis l'Inde, qui s'étend sous les feux brûlants du grand astre, et se dirige à la hâte vers l'endroit où se lève le Soleil, son père.

Le palais du Soleil s'élève sur de hautes colonnes, tout resplendissant d'or et de pierreries qui jettent l'éclat de la flamme : l'ivoire poli en couronne le faîte, et l'argent rayonne sur les doubles battants de sa porte lumineuse. Dès que le fils de Clymène a gravi le sentier qui mène à ce palais et qu'il a pénétré dans la demeure de celui qu'il n'ose plus appeler son père, il se dirige vers le dieu. Mais ses yeux ne peuvent pas supporter l'éclat qui l'environne : le jeune visiteur est obligé de s'arrêter et de contempler le souverain de loin. Drapé d'un manteau de pourpre, le Soleil était assis sur un trône étincelant du feu des émeraudes. À droite et à gauche se tenaient debout les Jours, les Mois, les Années, les Siècles, ainsi que les Heures séparées par des intervalles égaux. On voyait aussi le jeune Printemps, couronné de fleurs nouvelles, l'Été nu, portant des guirlandes d'épis, l'Automne, encore tout barbouillé des raisins qu'il a foulés, et le glacial Hiver, aux cheveux blancs tout hérissés de glaçons.

Assis au milieu de cette cour, le Soleil a vu arriver

Phaéthon, de son œil qui voit tout dans le monde : le jeune homme reste saisi d'étonnement et de crainte devant tant de merveilles.

— Quel motif t'amène en ces lieux, lui dit le Soleil, et que viens-tu chercher ici, Phaéthon, mon fils, toi que ton père ne saurait renier ?

Phaéthon répond :

— Ô toi, divin flambeau qui apporte la lumière à l'immense univers, ô Phébus[1], ô mon père, si tu me permets de me servir de ce nom, si Clymène n'a pas raconté de mensonge sur ma naissance, donne-moi, illustre auteur de mes jours, donne-moi des preuves éclatantes pour montrer à tous que je suis bien ton fils et délivre-moi des doutes qui troublent encore mon esprit !

Phaéthon a fini sa prière : il se tait, anxieux. Alors le Soleil détache les rayons éblouissants qui couronnent sa tête, ordonne à son fils de s'approcher et le serre dans ses bras.

— Oui, je proclame que tu es bien mon fils ! s'écrie-t-il. Clymène a dit la vérité sur ta naissance, et, pour dissiper tous tes doutes, demande-moi la faveur que tu voudras comme gage de ma tendresse : je te l'accorderai aussitôt, je te le jure par le fleuve des Enfers devant lequel les dieux prêtent serment et que je n'ai moi-même jamais vu !

À peine achevait-il ces mots que Phaéthon demande le char de son père : il réclame le droit de le conduire pendant une journée entière en prenant

1. Phébus signifie « brillant » (en grec *Phoibos*).

les rênes de ses chevaux aux pieds ailés. Cependant, le père regrette son serment ; il secoue trois ou quatre fois sa tête rayonnante de lumière :

— Ton vœu, dit-il, a rendu mon serment trop risqué. Ah ! si seulement je pouvais ne pas le respecter ! C'est la seule chose, je l'avoue, mon fils, que je voudrais te refuser ! mais je peux encore te faire changer d'avis. C'est une bien grande entreprise, cher Phaéthon, que tu souhaites accomplir ; elle ne convient ni à tes forces ni à ton jeune âge. Ton destin est celui d'un mortel, ton ambition celle d'un immortel. Que dis-je ? les dieux eux-mêmes n'oseraient pas prétendre à un tel honneur. Dans ton inconscience, tu dépasses leurs prétentions ! Aucun d'eux, aussi puissant soit-il, ne peut se tenir sur le char qui porte la flamme au monde. Le maître de l'Olympe lui-même, Jupiter, dont la main redoutable lance la foudre dévastatrice, ne le conduira jamais. Il n'y a que moi qui en suis capable. La route est semée d'embûches et remplie de monstres effrayants. Même si tu parviens à conserver la bonne direction, il te faudra passer entre les cornes du Taureau dressées en face de toi, entre l'arc du Centaure, la gueule menaçante du Lion, les pinces terribles du Scorpion et celles tout aussi redoutables du Cancer[1]. Enfin, mes chevaux, tout excités par le feu qui sort de leur bouche et de

1. Les signes du zodiaque sont présentés comme des monstres peuplant le ciel. Le Centaure, mi-homme mi-cheval, bandant son arc est le signe du Sagittaire. Le *cancer* signifie le crabe en latin.

leur naseaux, ne sont pas faciles à guider ! c'est à peine s'ils supportent ma main quand ils s'emballent. Tu verrais comment leur tête résiste à mes rênes ! Crois-moi, mon fils, crains d'obtenir de ton père un bien funeste présent ! et puisqu'il en est encore temps, renonce à tes vœux imprudents. Pour te croire né de mon sang, tu me demandes un témoignage certain ? en est-il un de plus certain que la peur que j'éprouve pour toi ? L'inquiétude de voir mon fils en proie au danger suffit à prouver que je suis ton père. Que te dirai-je enfin ? Regarde les richesses que renferme le monde ; parmi tous les trésors du ciel, de la terre et de la mer, demande-moi celui que tu voudras : je te le donnerai. Mais si je ne te refuse qu'une seule chose, c'est que, à vrai dire, c'est plus une punition qu'un honneur. Oui, c'est une punition, Phaéthon, et non une grâce que tu me demandes. Insensé, pourquoi mets-tu autour de mon cou tes bras caressants ? N'en doute pas : je l'ai juré par les eaux du Styx, le fleuve des Enfers, tu auras tout ce que tu as souhaité, mais toi, fais donc un vœu plus raisonnable !

Ce furent les derniers conseils du dieu. Cependant Phaéthon reste rebelle à ce discours : il persiste dans sa résolution et brûle du désir de monter sur le char de son père. Le Soleil résiste autant qu'il peut, il tarde à se lever de son trône. Pourtant il lui faut bien enfin se décider et conduire son fils jusqu'au grand char resplendissant, cadeau du dieu Vulcain. L'essieu et le timon étaient en or, tout comme les cercles des roues ; les rayons étaient en argent ; le joug incrusté de pierres précieuses brillait de mille feux. Tandis que l'audacieux Phaéthon admire tous les détails de ce merveilleux ouvrage, la vigilante Aurore ouvre les portes resplendissantes de l'Orient. La déesse sort de son palais couleur de roses, les étoiles disparaissent une à une. Dès que le Soleil voit l'univers rougir aux feux naissants du jour et la Lune s'éclipser jusqu'aux extrémités de son croissant, il ordonne aux Heures rapides d'atteler ses chevaux. Les déesses se hâtent de lui obéir : de l'écurie céleste elles amènent les fiers coursiers crachant du feu et elles ajustent les rênes à leur bouche.

Alors le Soleil répand sur le front de son fils quelques gouttes d'un parfum divin pour le rendre invulnérable aux flammes. Il couronne de rayons la chevelure du jeune homme tout en soupirant d'inquiétude.

— Si au moins tu acceptes d'obéir aux derniers conseils de ton père, mon cher fils, sers-toi des rênes plutôt que de l'aiguillon. Mes fiers coursiers ailés galopent d'eux-mêmes plus vite que la tempête ; la difficulté est de les retenir. Pour que le ciel et la terre reçoivent une chaleur égale, veille à ne pas trop faire monter ou descendre ton char. Si tu vas trop haut, tu mettras le feu aux demeures des dieux ; trop bas, c'est la terre que tu embraseras ; le milieu est le chemin le plus sûr. Ne laisse pas non plus ton char partir trop à droite ou trop à gauche : marche à une égale distance des constellations qui bornent le ciel. Pour le reste, je fais confiance à la Fortune : je souhaite que la déesse te soit favorable et veille sur toi mieux que toi-même !

Mais le fougueux jeune homme s'élance déjà vers le char rapide ; il s'y installe, tout joyeux de prendre les rênes qu'on lui confie ; il remercie son père, qui lui cède à regret. Cependant les agiles coursiers du Soleil, Pyrois, Éoiis, Éthon et Phlégon[1], remplissent l'air du bruit de leurs hennissements et du feu de leurs naseaux ; impatients, ils frappent les barrières à coups de sabots. À peine sont-elles ouvertes qu'ils s'envolent au galop : leurs jambes agiles fendent les nuages qui leur font obstacle ; à grands coups d'ailes, ils dépassent les vents qui sont partis en même temps qu'eux. Mais le char est léger : les chevaux, surpris, ne le reconnaissent pas car ils ne sont plus sous la pression de leur maître. Privé de son poids habituel, le char bondit dans le ciel ; il est tellement secoué dans tous les sens qu'on dirait qu'il est vide. Dès que les chevaux l'ont senti, ils se mettent à galoper encore plus vite et abandonnent la route tracée dans le ciel. Phaéthon s'épouvante : de quel côté tourner les rênes ? quel chemin suivre ? Il ne sait pas ! et même s'il le savait, serait-il capable de commander aux coursiers ?

Quand le malheureux Phaéthon, du haut du ciel, regarde vers la terre qui s'étend si bas, si bas au-dessous de lui, il pâlit. Une terreur subite fait trembler ses genoux et ses yeux se couvrent d'un voile comme s'il devenait aveugle au milieu de tant de lumière. Oh ! Comme il voudrait maintenant n'avoir jamais touché les rênes du char de son père ! Comme il

1. Ces noms grecs signifient respectivement « l'Ardent », « l'Oriental », « le Brûlant » et « le Brillant ».

regrette de connaître sa naissance ! Il voudrait ne pas avoir obtenu ce qu'il demandait par ses prières si pressantes ! Il est emporté comme un vaisseau poussé par le souffle furieux des vents déchaînés, sans pilote ni gouvernail. Que pourrait-il faire ? Derrière lui, il a déjà laissé un grand espace de ciel ; devant lui, un autre espace s'étend, plus grand encore. Il essaie de mesurer les distances dans sa tête : tantôt il regarde vers le couchant qui lui paraît inaccessible ; tantôt il regarde en arrière du côté du levant. Quel parti prendre ? il l'ignore, et reste immobile sans pouvoir se décider. Il ne peut plus commander la course des chevaux : il ne sait même plus leur nom.

Tout à coup il aperçoit le Scorpion gigantesque qui le menace de son dard recourbé et la peur est si forte qu'il lâche les rênes. Dès que les coursiers les ont senties flotter sur leur croupe, ils se ruent au hasard. Tantôt ils montent jusqu'aux étoiles fixées tout en haut du ciel, tantôt ils entraînent le char à travers les abîmes, roulant de précipice en précipice vers les régions les plus proches de la terre. La Lune s'étonne de voir les chevaux de son frère[1] courir plus bas que les siens. Les nuages embrasés s'évaporent, le feu dévore les points les plus élevés de la terre : elle se fend, s'entrouvre et se dessèche. On voit jaunir les prairies, les arbres brûlent avec leur feuillage et les moissons se consument. De grandes villes s'écroulent avec leurs remparts ; les forêts, les montagnes, des

1. Dans la mythologie, la lune et le soleil sont frère et sœur.

territoires entiers avec leurs peuples sont réduits en cendres par l'incendie. Tout brûle.

Phaéthon voit tout l'univers en proie aux flammes ; il ne respire plus qu'un air brûlant comme celui d'une forge gigantesque. Il sent déjà son char s'échauffer jusqu'à blanchir au contact du feu. Les cendres et les étincelles le font suffoquer, et une fumée ardente l'enveloppe de toutes parts. Où est-il ? Où va-t-il ? Il ne le sait plus. Il se laisse emporter au gré de ses coursiers débridés. C'est alors, dit-on, que le sang des Éthiopiens, attiré par la chaleur à la surface de leur corps, leur donna cette couleur noire qu'ils ont conservée. C'est alors que la Lybie, desséchée, devint un désert. Alors les nymphes, les cheveux épars, pleurèrent leurs lacs et leurs fontaines taries. Le Nil, épouvanté, s'enfuit au bout de l'univers pour y cacher sa tête : depuis ce temps sa source reste inconnue[1] et ses sept bouches taries ne sont plus que des sables au fond de sept vallées arides.

Partout la terre est sillonnée de mille fentes, au travers desquelles la lumière pénètre jusqu'au fond des Enfers, ce qui épouvante leur roi Pluton et son épouse Proserpine. L'Océan se rétrécit, on voit s'étendre une plaine de sable là où naguère était son lit ; les poissons se réfugient au fond des abîmes ; les dauphins, à la croupe recourbée, n'osent plus, suivant leur habitude, s'élever au-dessus des eaux ni bondir dans les airs ; les phoques, couchés sur le dos, flottent sans vie à la surface de la mer. Trois fois Neptune

1. Les sources du Nil n'ont été découvertes qu'au XIXe siècle.

menaçant veut élever ses bras au-dessus des flots, trois fois il renonce car il ne peut supporter la chaleur suffocante. La Terre nourricière elle-même, accablée par l'incendie qui la ravage, supplie le maître des dieux d'intervenir :

— Si la mer, la terre et le ciel sont détruits, nous retomberons dans la confusion du chaos qui a précédé la naissance de l'univers. Arrache aux flammes ce qui peut encore être sauvé et veille à notre salut !

Alors Jupiter monte au sommet de son palais céleste : c'est de là qu'il aime répandre les nuages sur la terre ; c'est de là qu'il fait gronder le tonnerre et qu'il lance la foudre. Il tonne, il prépare ses éclairs : il vise et frappe d'un seul trait l'imprudent Phaéthon, qui chute aussitôt foudroyé. Les feux vengeurs du dieu éteignent ainsi ceux qui dévorent l'univers. Les chevaux s'affolent, bondissent en sens contraire, retirent violemment leur cou du joug, brisent leur harnais qu'ils laissent à l'abandon. Ici gisent les rênes, là, l'essieu arraché du timon ; plus loin, les rayons des roues fracassées et les débris du char qui a volé en éclats, éparpillés sur un large espace. Le feu dévore la flamboyante chevelure de Phaéthon ; l'imprudent roule et chute la tête la première. Il laisse dans les airs une longue traînée de lumière, comme une étoile qui, du haut d'un ciel serein, tombe, ou du moins paraît tomber.

Bien loin de sa patrie, dans l'hémisphère opposé, le grand fleuve Éridan[1] reçoit Phaéthon dans ses eaux

---

1. C'est le nom antique du Pô, qui coule au nord de l'Italie.

et lave son visage fumant. Les naïades recueillent son corps qui se consume encore sous l'effet de la foudre et elles le déposent dans un tombeau où elles gravent ces vers sur la pierre : « Ci-gît Phaéthon, conducteur du char de son père ; s'il n'a pas pu le conduire, du moins il est tombé victime d'une noble audace. »

Le Soleil, accablé de douleur, couvre alors son front d'un voile de deuil. S'il faut en croire la légende, un jour entier s'écoula ainsi sans soleil et sans autre lumière que les lueurs de l'incendie qui s'éteignait lentement.

# Jupiter amoureux et Junon jalouse

## Io métamorphosée en génisse

« Ut lenita dea est, vultus capit illa priores
fitque quod ante fuit : fugiunt e corpore setae,
cornua decrescunt, fit luminis artior orbis,
contrahitur rictus, redeunt humerique manusque,
ungulaque in quinos dilapsa absumitur ungues.
De bove nil superest formae nisi candor in illa. »

Livre I, vers 738 - 743

« Dès que la colère de Junon s'apaise, Io reprend sa forme première et redevient ce qu'elle était auparavant : les poils tombent de son corps, ses cornes diminuent et disparaissent, l'orbite de ses yeux se rétrécit, sa bouche se fait plus petite, ses épaules et ses mains reparaissent, chacun de ses sabots est remplacé par cinq ongles bien distincts. Il ne lui reste plus rien de la génisse, si ce n'est son éclatante blancheur. »

Il est en Thessalie une belle vallée environnée de tous côtés par des rochers et des bois : on l'appelle Tempé.

C'est là que le fleuve Pénée, né au pied de la montagne du Pinde, roule à grand bruit ses flots écumants. Dans sa chute impétueuse, il soulève des nuages vaporeux qui retombent en gouttes de pluie légère sur la cime des arbres. C'est là que s'est retiré le Pénée depuis la métamorphose de sa fille Daphné[1]. Dans sa retraite sacrée, il reste assis au fond d'une grotte taillée dans le roc, il commande à ses flots et aux nymphes qui les habitent. C'est là que s'arrêtent tous les fleuves de la région en se demandant s'ils doivent féliciter ou consoler le Pénée. Seul l'Inachus est absent : caché au fond d'une caverne profonde, il grossit ses eaux de ses larmes. Malheureux père ! le fleuve pleure Io, son enfant, qu'il a perdue. Voit-elle encore le jour ? est-elle descendue chez les morts ? Il l'ignore, et comme il ne la trouve nulle part, il croit qu'elle n'est plus de ce monde ; il craint même pour elle le pire des malheurs. Mais le Pénée ne sait pas que Jupiter est tombé amoureux de sa fille.

Quand le maître des dieux a vu la belle Io revenir des bords du fleuve paternel, il est venu à sa rencontre :

— Ô nymphe, lui a-t-il dit, tu es digne de Jupiter ! quel est l'heureux mortel qui sera ton époux ? Viens sous l'épais ombrage de ces bois (et il les lui montrait du doigt), viens chercher un abri contre les rayons brûlants du soleil de midi. Ne crains pas de pénétrer seule dans la forêt remplie de bêtes sauvages : un dieu va te servir de guide et de protecteur, et pas n'importe

1. Voir p. 35.

quel dieu, crois-moi ! Car ce dieu, c'est moi ! moi qui tiens d'une main puissante le sceptre du ciel, moi qui lance la foudre redoutable. Arrête ! ne me fuis pas !

Mais Io fuyait en effet. Elle avait déjà traversé en courant les prairies qui bordent le fleuve, quand le dieu enveloppe la terre d'un épais nuage pour arrêter la nymphe dans sa fuite. Profitant de l'obscurité, Jupiter oblige alors Io à céder à son désir.

Cependant, du haut du mont Olympe, la divine Junon abaisse ses regards sur la campagne : elle est surprise de voir que des nuages passagers ont changé le jour en une nuit profonde. Mais elle comprend vite que ces nuages ne s'élèvent ni du fleuve ni de la terre humide : elle cherche des yeux tout autour d'elle où est son époux, car elle connaît bien ses infidélités pour l'avoir tant de fois pris en faute. Comme elle ne le trouve pas dans le ciel, elle s'écrie :

— Ou je me trompe ou je suis encore trompée ! et elle descend aussitôt sur la terre.

Elle commande aux nuages de s'éloigner, mais Jupiter prudent avait prévu l'arrivée de son épouse ! il avait déjà changé la fille d'Inachus en une génisse d'une blancheur éclatante.

Io est si belle encore sous cette forme nouvelle que Junon, malgré elle, admire sa beauté.

— À qui appartient cette génisse ? d'où vient-elle ? de quel troupeau ?

Elle veut tout savoir comme si elle ignorait la vérité.

— Elle est née de la terre, répond Jupiter qui invente un mensonge pour couper court à ces questions.

Junon demande alors l'animal en cadeau. Que fera son époux ? Certes, il est cruel de livrer l'objet de son amour, mais un refus paraîtrait suspect : ce que la honte lui conseille, l'amour le lui défend. Sans doute l'amour aurait dû triompher, mais Jupiter peut-il refuser à sa sœur, qui est aussi sa femme, un cadeau aussi banal sans qu'elle soupçonne que c'est tout autre chose qu'une génisse ? Jupiter finit par accepter de donner le cadeau demandé. Même si Junon est satisfaite d'être désormais la maîtresse de sa rivale, elle se méfie encore de Jupiter : comme elle a peur qu'il s'arrange pour lui voler la génisse, elle confie sa garde à Argus, fils d'Arestor.

Argus avait une tête pourvue de cent yeux : pour les reposer à tour de rôle, il n'en fermait que deux à la fois ; tous les autres restaient ouverts pour surveiller en permanence. De ce fait, quelle que soit sa place, Argus observait Io. Même le dos tourné, il gardait les yeux fixés sur elle. Le jour, il la laisse paître ; mais dès que le soleil a disparu, il l'enferme et attache des liens bien serrés à son cou. La malheureuse n'a pour manger que les feuilles des arbres et l'herbe amère, pour boire que l'eau bourbeuse des ruisseaux, pour dormir que la dure terre battue. Plus d'une fois, Io voudrait implorer Argus, elle voudrait lui tendre ses bras, mais elle n'a plus de bras ! Elle voudrait se plaindre, mais il ne sort de sa bouche que des mugissements : leur son lui fait horreur et sa propre voix l'épouvante. Elle va se réfugier sur les rives du fleuve Inachus, où elle avait l'habitude de jouer dans son enfance. Mais en se penchant sur l'eau, elle aperçoit les cornes qui ont poussé sur son front et, saisie de terreur, elle recule devant sa propre image. Les naïades ne la reconnaissent plus, Inachus lui-même ne la reconnaît plus. Cependant, elle suit son père, elle suit ses sœurs : elle se laisse caresser, car tous admirent la blancheur de son pelage. Le vieil Inachus cueille des herbes et les lui présente. Elle lèche les mains de son père, elle les couvre de baisers et ne peut retenir ses larmes. Si seulement elle pouvait parler, elle implorerait son secours, elle dirait son nom et ses malheurs ! Mais, à défaut de paroles, ce sont des lettres qu'elle trace sur le sable avec son sabot pour révéler le triste secret de sa métamorphose.

— Malheureux que je suis ! s'écrie alors son père, et il saisit les cornes de la génisse qui gémit, il enlace son cou blanc comme la neige : Malheureux que je suis ! répète-t-il, est-ce bien toi ma fille, que j'ai cherchée par toute la terre ? Je souffrais tant de t'avoir perdue, mais je souffre plus encore de te retrouver dans cet état ! Tu gardes le silence, ta voix ne répond pas à la mienne, et tu ne peux pousser que de profonds soupirs ou des mugissements. Hélas ! et moi qui te préparais un beau mariage, moi qui espérais un gendre et des petits-enfants ! Maintenant, c'est dans un troupeau que tu dois chercher un époux, et la mort ne peut même pas venir me délivrer de ce chagrin immense ! Pour mon malheur je suis un dieu, je suis immortel et le destin me condamne à des douleurs éternelles comme ma vie !

Mais pendant que l'Inachus se lamente ainsi, Argus

surgit pour arracher Io des bras de son père et la conduire vers d'autres pâturages. Assis sur la cime d'une montagne, il fait le guet.

Cependant, Jupiter ne peut supporter plus longtemps les maux cruels que souffre la pauvre Io. Il appelle son fils Mercure et lui commande de livrer Argus à la mort. Aussitôt le jeune dieu fixe sa paire d'ailes à ses pieds, prend dans sa main puissante son caducée, la baguette qui fait naître le sommeil, et met sur sa tête son chapeau à larges bords. Ainsi équipé, il s'élance du haut de l'Olympe et descend sur la terre. Il enlève son chapeau et ses ailes qu'il dépose à l'écart : il ne garde que son caducée. Il se sert de sa baguette comme un berger de sa houlette pour conduire à travers la campagne un troupeau de chèvres qu'il a dérobées chemin faisant. Il s'est fabriqué une flûte et se met à en jouer. Argus l'entend, et, charmé par les doux sons de ce nouvel instrument, il s'exclame :

— Qui que tu sois, viens t'asseoir auprès de moi sur ce rocher ! Nulle part ton troupeau ne trouvera de plus gras pâturages, et cet endroit ombragé, tu le vois, est bien agréable pour se reposer.

Mercure s'assied et se met à bavarder. Il parle, il parle : ses longs discours semblent arrêter le jour qui s'écoule, tandis que par les accords de sa flûte il cherche à vaincre la vigilance d'Argus aux cent yeux. Cependant le gardien lutte contre les douceurs du sommeil, et, même si certains de ses yeux commencent à se fermer, les autres veillent encore. Argus est curieux : comme la flûte venait d'être inventée, il veut connaître l'histoire de cette découverte.

Alors Mercure raconte :

— Au pied des montagnes glacées de l'Arcadie, il y avait une naïade plus célèbre que toutes les autres ; les nymphes l'appelaient Syrinx. Plus d'une fois elle avait échappé aux poursuites des satyres et des autres dieux qui habitent les bois touffus ou les campagnes fertiles de cette contrée. Elle avait choisi de rester vierge pour se consacrer au culte de Diane. Vêtue comme la déesse, elle lui ressemblait tant qu'on aurait pu la prendre pour elle si son arc d'ivoire avait été en or. Un jour qu'elle revenait du mont Lycée, mon fils Pan l'aperçoit. Sur sa tête le dieu porte une couronne en branches de pin, et il dit...

Mercure était sur le point de continuer ; il allait dire comment la nymphe, insensible aux prières de Pan, avait fui par des sentiers escarpés jusqu'aux rives sablonneuses du paisible Ladon ; comment alors, arrêtée dans sa course par les eaux du fleuve, elle avait supplié ses sœurs les naïades de la sauver par une métamorphose ; comment le dieu, croyant déjà saisir la nymphe, n'embrassa que des roseaux au lieu du corps de Syrinx ; comment ces roseaux se gonflèrent de son propre souffle tandis qu'il soupirait ; comment ils rendirent alors un son léger, semblable à une voix plaintive ; comment Pan, charmé de sa découverte et de ces sons mélodieux, s'était écrié : « Voilà un moyen qui me permettra de m'unir avec toi pour toujours ! » ; comment, enfin, il avait collé avec de la cire des roseaux de longueur inégale pour fabriquer l'instrument auquel il donna le nom de la nymphe[1]... Mercure allait donc tout raconter en détail quand il s'aperçoit qu'Argus, succombant au sommeil, a fermé tous ses yeux. Aussitôt le dieu cesse de parler ; il promène sa baguette magique sur les paupières du gardien pour le faire dormir encore plus profondément. La tête d'Argus s'incline lentement : d'un coup brusque, Mercure la tranche de son glaive recourbé. La tête roule du haut de la montagne, le sang éclabousse les rochers. Les cent yeux sont désormais plongés dans une éternelle nuit. Junon les recueille pour en couvrir le plumage de son oiseau préféré : depuis lors, ils brillent comme des pierres précieuses sur la queue étoilée du paon.

Mais Junon est furieuse de ce qu'elle considère comme un nouvel affront de son époux. Sans attendre, elle se venge en frappant sa rivale de folie : sous la blessure de l'aiguillon qui la tourmente sans répit, la malheureuse Io se met à parcourir toute la terre. Elle erre sans jamais pouvoir trouver le repos. Épuisée, elle parvient sur les bords du Nil et se laisse tomber à genoux sur le sable. Le cou renversé en arrière, elle essaie de dresser la tête pour regarder vers le ciel. Par des soupirs, des larmes et des mugissements lamentables, elle semble se plaindre à Jupiter et lui réclamer la fin de ses malheurs. Le dieu est si ému par sa détresse qu'il conjure alors Junon de

1. Cette flûte que les Grecs appellent *syrinx* est bien connue aujourd'hui sous le nom de « flûte de Pan ».

mettre enfin un terme à sa vengeance ; il entoure de ses bras le cou de son épouse, il la cajole :

— Ne crains rien ! susurre-t-il. Pour l'avenir, Io ne viendra plus te causer de chagrin.

Il le jure et il commande au Styx d'entendre son serment. Dès que la colère de Junon s'apaise, Io reprend sa forme première et redevient ce qu'elle était auparavant : les poils tombent de son corps, ses cornes diminuent et disparaissent, l'orbite de ses yeux se rétrécit, sa bouche se fait plus petite, ses épaules et ses mains reparaissent, chacun de ses sabots est remplacé par cinq ongles bien distincts. Il ne lui reste plus rien de la génisse, si ce n'est son éclatante blancheur. La nymphe se redresse sur ses deux pieds qui suffisent pour la porter, mais elle n'ose pas encore parler de peur de mugir comme une génisse. Maintenant, c'est une déesse : les villes de l'Égypte lui ont élevé des temples où de nombreux prêtres viennent lui rendre un culte solennel. On lui donne pour fils Épaphus, né, dit-on, du grand Jupiter : ses temples se dressent à côté de ceux de sa mère.

## Callisto transformée en ourse

« Bracchia coeperunt nigris horrescere villis
curvarique manus et aduncos crescere in unguis
officioque pedum fungi laudataque quondam
ora Iovi lato fieri deformia rictu.
Neve preces animos et verba precantia flectant,
posse loqui eripitur : vox iracunda minaxque

plenaque terroris rauco de gutture fertur.
Mens antiqua tamen facta quoque mansit in ursa. »

Livre II, vers 478 - 485

« Voilà que ses bras se couvrent d'un poil noir et hérissé. Ses mains se recourbent, s'arment de griffes crochues et lui servent de pieds. Sa bouche, que Jupiter avait tant admirée, s'élargit en forme de gueule hideuse et menaçante. Pour qu'elle ne puisse plus prononcer ni discours ni prières capables d'attirer la pitié, Junon lui retire le don de la parole : il ne sort plus de sa gorge qu'une voix rauque, qui sème la terreur. Callisto devient ourse, mais, sous cette forme nouvelle, elle conserve ses sentiments humains et toute sa raison. »

Un jour que Jupiter, le père tout-puissant, contemple la terre du haut du ciel, son regard est attiré par une nymphe qui se promène dans une forêt d'Arcadie : aussitôt une passion brûlante enflamme le cœur du dieu. La belle Callisto n'occupait son temps ni à filer la laine des brebis sous ses doigts délicats ni à chercher des coiffures compliquées pour ses cheveux bouclés : elle fixait les plis de sa tunique avec une agrafe, elle relevait négligemment ses cheveux avec une bandelette blanche, elle prenait un arc ou un javelot léger, et elle suivait le cortège de Diane. Aucune nymphe, en effet, n'était plus chère à la déesse de la chasse.

Il était déjà midi quand Callisto était entrée dans une épaisse forêt, à l'abri du regard des hommes. Là, elle avait suspendu son arc à un arbre et s'était couchée sur le gazon. La voici qui se repose, la tête posée sur son carquois. Dès que Jupiter l'a aperçue, fatiguée, seule et sans défense, il se dit : « Quelle belle occasion ! Junon, mon épouse, ignorera tout de cette infidélité. En admettant qu'elle l'apprenne, je veux bien supporter ses fureurs jalouses : le prix en vaut vraiment la peine ! » Aussitôt il prend la figure et le costume de Diane :

— Chère nymphe, la plus aimable de mes compagnes, sur quelle montagne as-tu chassé aujourd'hui ? demande-t-il.

Callisto se lève et s'écrie :

— Je te salue, noble déesse que je préfère à Jupiter ! Oui, tu es bien plus puissante que lui, je l'affirmerais même s'il était là devant moi !

Le dieu l'écoute, il sourit : il s'amuse de se voir ainsi préféré à lui-même ! Il embrasse Callisto, mais ses baisers brûlants ne sont pas ceux d'une chaste déesse... La nymphe allait raconter tous les détails de sa chasse, quand le dieu l'arrête en la serrant dans ses bras. Callisto a compris le piège : elle se défend autant qu'une jeune fille peut se défendre. Elle se débat, mais qui peut résister à Jupiter ? Le dieu lui fait subir toute la violence de son désir. Après sa victoire, il remonte dans le ciel et Callisto maudit cette forêt qui a été témoin de sa honte : quand elle en sort, peu s'en faut qu'elle n'oublie d'emporter son arc et son carquois rempli de flèches.

Voici que Diane, escortée par ses nymphes, arrive sur le mont Ménale, fière du gibier abattu dans sa chasse. Elle aperçoit Callisto, elle l'appelle, mais la jeune fille s'enfuit car elle a peur de trouver encore

Jupiter caché sous les traits de la déesse. Cependant, quand elle voit s'avancer les nymphes qui sont ses amies, elle comprend qu'elle n'a plus de piège à craindre et elle se joint à leur cortège. Hélas ! qu'il est difficile de ne pas trahir le souvenir d'une faute par l'expression de son visage ! Callisto ose à peine lever les yeux : elle préfère les garder fixés au sol. Elle ne vient plus, comme autrefois, prendre place à côté de la déesse, ni marcher à la tête de ses compagnes. Elle garde le silence ; elle rougit, et sa rougeur même pourrait révéler l'outrage que sa pudeur a subi.

Neuf fois la lune a gonflé son croissant dans le ciel, neuf mois sont déjà passés. Un jour où il fait très chaud, la déesse de la chasse, fatiguée, entre dans un petit bois ombragé où serpente un ruisseau avec un doux murmure. Diane apprécie la fraîcheur de l'endroit et du bout du pied effleure l'eau limpide :

— Puisque nous sommes à l'abri du regard des mortels, dit-elle, enlevons nos vêtements et baignons-nous dans ce ruisseau !

Callisto rougit ; toutes les nymphes ont déjà détaché leurs tuniques légères. Callisto hésite ; et comme elle tardait encore, ses compagnes lui enlèvent sa robe : elle ne peut plus cacher les rondeurs de son corps de femme enceinte. Accablée par la honte, Callisto cherche à couvrir son ventre de ses mains.

— Fuis loin d'ici, s'écrie Diane indignée, fuis ! et ne souille pas cette source par ton impureté !

Alors la déesse de la chasse, pour qui la virginité est un devoir sacré, chasse la nymphe de son cortège.

Cependant, depuis longtemps déjà, Junon connaissait l'aventure de Callisto : elle attendait une occasion d'exercer sa vengeance. Or le moment était arrivé car sa rivale avait déjà accouché d'un joli petit garçon, Arcas. À peine a-t-elle jeté les yeux sur le bébé que la déesse, furieuse, s'exclame :

— Il ne te manquait plus que d'être mère, misérable femme adultère ! Il fallait donc que ta maternité dévoile à tout le monde la faute de mon Jupiter et mon humiliation de femme trompée ! Mais je vais me venger ! je t'enlèverai cette beauté dont tu es si fière et qui a mis le feu au cœur de mon époux !

À ces mots, elle saisit Callisto par les cheveux, la fait plier jusqu'à terre et la renverse. La nymphe lui tendait des bras suppliants : voilà que ses bras se couvrent d'un poil noir et hérissé. Ses mains se recourbent, s'arment de griffes crochues et lui servent de pieds. Sa bouche, que Jupiter avait tant admirée, s'élargit en forme de gueule hideuse et menaçante. Pour qu'elle ne puisse plus prononcer ni discours ni prières capables d'attirer la pitié, Junon lui retire le don de la parole : il ne sort plus de sa gorge qu'une voix rauque, qui sème la terreur. Callisto devient ourse, mais, sous cette forme nouvelle, elle conserve ses sentiments humains et toute sa raison. Des gémissements continuels témoignent de sa douleur : elle lève vers le ciel les deux pattes qui furent ses deux mains. Sans pouvoir parler, elle sent l'ingratitude de Jupiter. Elle n'ose pas demeurer seule dans les forêts. Hélas ! combien de fois elle vient errer autour de son ancienne maison ! combien de fois elle fuit à travers les montagnes, effrayée par les aboiements des chiens ! Elle qui avait consacré sa vie à la chasse est devenue la proie des chasseurs. Souvent la malheureuse oublie ce qu'elle est elle-même et se cache, tremblante, à la vue des bêtes féroces : c'est une ourse, mais elle a peur des ours ; elle redoute les loups, et pourtant Lycaon, son père, se trouve dans leur meute[1].

Les années ont passé : Arcas, qui ignore tout du destin de sa mère, a déjà quinze ans. Un jour qu'il chasse dans la forêt du mont Érymanthe où il a installé ses filets, il rencontre sa mère. À la vue d'Arcas, celle-ci s'est arrêtée, comme si elle le reconnaissait. Lui, il recule en voyant l'ourse, il s'enfuit : ces yeux immobiles fixés sur lui, sans qu'il en sache la cause, le remplissent de terreur. Callisto le suit ; elle cherche à l'approcher. Déjà il allait la transpercer d'un coup de lance meurtrier lorsque Jupiter arrête son bras pour empêcher le crime horrible d'un fils tuant sa propre mère. Le maître des dieux commande alors aux vents légers d'emporter rapidement Callisto et Arcas dans les airs : il les place dans le ciel et, pour qu'ils soient à jamais réunis, il en fait deux constellations voisines[2].

1. Voir l'histoire de Lycaon, p. 20.
2. Callisto est devenue la Grande Ourse et son fils Arcas la Petite Ourse.

# L'enlèvement d'Europe

« Tum deus a terra siccoque a litore sensim
falsa pedum primis vestigia ponit in undis ;
inde abit ulterius mediique per aequora ponti
fert praedam ; pavet haec litusque ablata relictum
respicit et dextra cornum tenet, altera dorso
imposita est ; tremulae sinuantur flamine vestes. »

Livre II, vers 870 - 875

« Alors le dieu s'éloigne tout doucement de la terre pour se rapprocher du bord de la mer. Il plonge insensiblement ses pattes dans les petites vagues qui lèchent le sable. Il s'avance encore : le voilà qui fend les flots et emporte sa proie en pleine mer. Europe, tremblante, regarde le rivage qui fuit : de la main droite elle tient une corne ; elle a posé la main gauche sur son dos. Sa robe légère flotte au gré des vents. »

Jupiter a un nouvel amour. Il appelle en secret son fils Mercure, et, sans lui faire connaître le motif de sa demande, il lui donne cet ordre :

— Mon fils, toi qui es le fidèle messager de mes décrets, pars sans tarder ! Vole avec ta vitesse habituelle et descends vers le pays de Sidon en Phénicie[1]. Regarde là-bas : tu vois les troupeaux du roi qui paissent l'herbe sur ces montagnes ? Dépêche-toi de les conduire au bord de la mer !

À peine a-t-il parlé que l'ordre est exécuté : chassés dans la plaine, les troupeaux s'avancent vers le rivage

1. Aujourd'hui le Liban.

où Europe, la fille du puissant Agénor, roi de Phénicie, venait jouer tous les jours avec ses amies, les jeunes filles de Tyr. L'amour s'accorde difficilement avec la gravité majestueuse, c'est pourquoi le souverain des dieux renonce à sa toute-puissance et à son sceptre : lui qui détient la foudre redoutable, lui qui d'un mouvement de tête ébranle l'univers, prend alors la forme d'un taureau. Il se mêle aux troupeaux d'Agénor, il mugit et promène ses belles formes dans la prairie fleurie. Sa blancheur égale celle de la neige vierge de toute trace de pas. Son cou est puissant, son fanon pend en longs plis gracieux sur son poitrail, ses muscles se gonflent sous la peau. Ses cornes sont petites, mais on dirait des pierres précieuses polies par un artiste. Son front n'a rien de menaçant, ses yeux rien de farouche ; tout en lui est doux et caressant. La fille d'Agénor l'admire. Il est si beau ! Il n'a pas du tout l'air féroce. Mais, malgré sa douceur, elle n'ose pas le toucher. Bientôt rassurée, elle s'approche du taureau et tend des fleurs vers sa bouche aussi éclatante que de l'ivoire. Le dieu tressaille de joie ; il lui baise les mains en attendant d'assouvir un désir qu'il peut à peine maîtriser. Tantôt il folâtre et bondit sur l'herbe verte, tantôt il se couche sur le sable doré, qui fait ressortir la blancheur éblouissante de son corps. Peu à peu, il dissipe les craintes d'Europe : tantôt il lui présente son poitrail pour qu'elle le caresse, tantôt il lui tend ses cornes pour qu'elle y tresse des guirlandes de fleurs. La princesse ne sait pas que c'est un dieu amoureux qu'elle cajole et elle ose enfin s'asseoir sur le dos du taureau.

Alors le dieu s'éloigne tout doucement de la terre pour se rapprocher du bord de la mer. Il plonge insensiblement les pattes dans les petites vagues qui lèchent le sable. Il s'avance encore : le voilà qui fend les flots et emporte sa proie en pleine mer. Europe, tremblante, regarde le rivage qui fuit : de la main droite elle tient une corne ; elle a posé la main gauche sur son dos. Sa robe légère flotte au gré des vents. C'est sur l'île de Crète que le dieu conduit la fille d'Agénor : pour s'unir à elle, il a dépouillé la forme trompeuse du taureau. Un fils va naître de cette union : Minos, appelé à devenir le premier roi de Crète.

## Sémélé foudroyée

« Surgit ab his solio ; fulvaque recondita nube
limen adit Semeles : nec nubes ante removit
quam simulavit anum posuitque ad tempora canos
sulcavitque cutem rugis et curva trementi
membra tulit passu ; vocem quoque fecit anilem,
ipsaque erat Beroe, Semeles Epidauria nutrix. »

Livre III, vers 273 - 278

« À ces mots, Junon se lève de son trône ; elle s'enveloppe d'un épais nuage doré et descend sur terre pour aller chez Sémélé. Cependant, avant de dissiper le nuage, elle prend l'apparence d'une vieille femme : elle couvre ses tempes de cheveux blancs, sillonne sa peau de rides, courbe ses membres, et marche d'un pas tremblant ; elle prend aussi une voix cassée : c'est l'image même de Béroé d'Épidaure, la nourrice de Sémélé. »

Trompée une fois de plus, Junon, l'épouse de Jupiter, est furieuse contre Europe. Elle veut poursuivre sa descendance d'une haine tenace, d'autant plus qu'une nouvelle insulte vient s'ajouter aux précédentes : Sémélé, la fille de Cadmus, le frère d'Europe qui a fondé la ville de Thèbes en Béotie, proclame à qui veut l'entendre qu'elle est enceinte du maître des dieux lui-même. Junon s'indigne et donne libre cours à sa colère :

— Pourquoi ajouterai-je encore des plaintes à celles que j'ai tant de fois vainement fait entendre ? c'est ma rivale elle-même que je dois attaquer. Je vais la perdre : elle périra, s'il est vrai que je m'appelle encore la puissante Junon, si ma main est digne de porter le sceptre de l'Olympe, si je suis la reine des dieux, la sœur et l'épouse de Jupiter ! Croit-on que Sémélé s'est contentée de me faire une petite injure ? Non ! non seulement elle a rendu mon époux infidèle, mais en plus elle porte dans son ventre la preuve de son crime ! Elle veut tenir de Jupiter l'honneur d'être mère, un honneur qu'il m'a à peine accordé, à moi son épouse ! Est-ce donc sa beauté qui l'a rendue si orgueilleuse ? eh bien ! que sa beauté la perde ! Non ! je ne suis plus la fille de Saturne, si son amant, son Jupiter chéri, ne la précipite lui-même au fond du Styx !

À ces mots, Junon se lève de son trône ; elle s'enveloppe d'un épais nuage doré et descend sur terre pour aller chez Sémélé. Cependant, avant de dissiper le nuage, elle prend l'apparence d'une vieille femme : elle couvre ses tempes de cheveux blancs, sillonne sa peau de rides, courbe ses membres, et marche d'un pas tremblant ; elle prend aussi une voix cassée : c'est l'image même de Béroé d'Épidaure, la nourrice de Sémélé. Avec habileté et par de longs détours, elle fait tomber la conversation sur Jupiter ; elle soupire :

— Je souhaite que ton amant soit bien Jupiter lui-même, dit-elle, mais enfin je crains tout. Combien de mortels ont osé se servir du nom des dieux pour tromper des jeunes filles innocentes ! Si c'est Jupiter qui t'aime, il n'a qu'à le prouver ! il faut qu'il te donne un gage éclatant de son amour. Demande-lui de garder pour toi toute la puissance majestueuse qu'il sait montrer lorsqu'il prend Junon dans ses bras !

L'innocente fille de Cadmus se laisse persuader par les perfides conseils de la déesse. Elle demande à Jupiter une grâce, mais sans la désigner précisément.

— Choisis ! dit le dieu. Rien ne te sera refusé. Pour que tu n'aies aucun doute, je le jure par le fleuve des Enfers, le Styx, ce dieu que les dieux eux-mêmes redoutent !

Dans son inconscience, Sémélé se réjouit du malheur qu'elle se prépare : elle savoure sa toute-puissance sur le cœur de son amant, sans savoir que sa complaisance lui sera fatale.

— Montre-toi à moi, demande-t-elle, avec toute la gloire dont tu brilles quand tu entres dans le lit de Junon !

Le dieu aurait voulu l'interrompre, mais déjà ses paroles s'étaient envolées dans les airs. Il gémit : il ne peut annuler ni le vœu de son amante, ni le serment qu'il a fait. Alors, accablé de tristesse, il remonte dans le ciel. D'un signe de tête, il rassemble les nuages dociles, la pluie, les vents, les éclairs, le tonnerre, et la foudre inévitable. Autant qu'il le peut, cependant, il essaie d'en affaiblir la force. Il n'arme pas son bras des éclairs trop redoutables avec lesquels il a foudroyé les Géants[1]. Il en choisit de plus légers que les Cyclopes ont forgés en y mêlant moins de flammes et de fureur : les dieux les appellent des demi-foudres. Jupiter les prend et pénètre dans la demeure de Sémélé. Mais une simple mortelle ne pouvait supporter l'éclat de cette puissance divine qui ébranlait les airs, et Sémélé est consumée instantanément dans les bras mêmes de son amant.

Cependant, Jupiter arrache de son corps qui tombe en cendres l'enfant à demi formé qui devait naître de leur amour. Faut-il croire ce prodige étonnant ? le maître des dieux enferme cet enfant si fragile dans sa cuisse et il l'y conserve tout le temps que sa mère aurait dû le porter dans son ventre[2]. Puis une sœur de Sémélé, Ino, le recueille : elle l'élève secrètement tant qu'il est au berceau, avant de le confier aux nymphes de Nysa qui le cachent dans leurs grottes profondes.

---

1. Voir p. 17.
2. Cette naissance miraculeuse est à l'origine de l'expression « naître de la cuisse de Jupiter ». L'enfant est Dionysos (en grec « fils de Zeus », élevé à « Nysa », localité légendaire le plus souvent située en Inde), Bacchus pour les Romains, dieu de la vigne et du théâtre.

# L'imprudence d'Actéon

« "Nunc tibi me posito visam velamine narres,
si poteris narrare, licet !" Nec plura minata,
dat sparso capiti vivacis cornua cervi,
dat spatium collo summasque cacuminat aures
cum pedibusque manus, cum longis bracchia mutat
cruribus et velat maculoso vellere corpus. »

Livre III, vers 192 - 197

« "Maintenant va donc raconter que tu m'as vue sans voile ! Si tu le peux, j'y consens !" Diane ne menace pas davantage, mais fait aussitôt pousser des bois de cerf sur la tête d'Actéon, encore trempée de l'eau qu'elle lui avait jetée. Elle allonge son cou, fait dresser ses oreilles en pointe, change ses mains en pieds, ses bras en longues pattes et couvre tout son corps d'une peau tachetée. »

Il y avait près de Thèbes, en Béotie, une montagne nommée Cithéron où le petit-fils de Cadmus, Actéon, aimait chasser : il y faisait souvent un grand carnage de bêtes sauvages de toutes espèces. Déjà le soleil, au milieu de sa course, rétrécissait les ombres, lorsque le jeune héros appelle ses compagnons qui s'étaient dispersés dans la forêt pour rabattre le gibier.

— Mes amis, leur dit-il, nos filets et nos armes sont tout couverts du sang des animaux : cela suffit pour aujourd'hui ! Il est déjà midi : demain, dès que l'Aurore sur son char de pourpre ramènera le jour, nous reprendrons la chasse, mais maintenant que le soleil brûle la terre de ses rayons, pliez les filets et reposez-vous !

Les chasseurs obéissent aussitôt et rangent leurs armes.

Tout près de là s'étendait une petite vallée ombragée de pins et de cyprès à la cime pointue : on la nomme Gargaphie ; elle est consacrée à Diane, la déesse de la chasse. Dans le fond de ce vallon s'ouvre une grotte naturelle, que l'on dirait soigneusement taillée dans la roche par un sculpteur habile ; sur la droite murmure une petite source dont l'eau transparente fait comme un bassin bordé de gazon. C'est là que la déesse aimait venir se baigner toute nue quand elle était fatiguée de chasser.

Voici que Diane arrive à Gargaphie : aussitôt entrée dans la grotte, elle remet son javelot, son carquois, et son arc à celle de ses nymphes qui est chargée de garder ses armes. Une deuxième nymphe détache sa tunique, tandis que deux autres encore s'empressent de délacer ses chaussures. C'est la nymphe Crocalé, fille du fleuve Isménus, plus adroite que ses compagnes, qui tresse et noue les longs cheveux épars de la déesse. Néphélé, Hyalé, Rhanis, Psécas et Phialé vont chercher de l'eau à la source pour la verser délicatement sur le corps de Diane qui resplendit dans toute sa beauté de jeune vierge.

Tandis que la déesse prend ainsi plaisir à se laisser baigner, arrive Actéon : il était en train de se promener, au hasard, dans un vallon qu'il ne connaissait pas, poussé par un destin qu'il ne maîtrisait pas. À peine est-il entré dans la grotte où coule la source que les nymphes se mettent à crier : elles sont toutes nues, et, en apercevant un homme, elles s'affolent. Elles se frappent la poitrine, elles font retentir la forêt de leurs cris perçants. Elles se précipitent pour entourer la déesse et lui faire un rempart de leurs corps afin de la cacher à des yeux indiscrets. Mais Diane est plus grande que ses compagnes : elle les dépasse toutes de la tête. De même qu'un nuage se colore des rayons du soleil qui descend sur l'horizon ou de même que brille au matin l'éclat pourpre de l'aurore naissante, ainsi rougit la déesse exposée sans voiles aux regards d'un mortel. Bien que ses compagnes aient fait un cercle autour d'elle, elle baisse la tête et détourne son visage. Si seulement elle avait sous la main son arc et ses flèches toutes prêtes ! À défaut, elle prend de l'eau et la jette à la figure d'Actéon, tout en prononçant des paroles lourdes de menaces qui dissimulent à peine une vengeance terrible :

— Maintenant va donc raconter que tu m'as vue sans voile ! Si tu le peux, j'y consens !

Diane ne menace pas davantage, mais fait aussitôt pousser des bois de cerf sur la tête d'Actéon, encore trempée de l'eau qu'elle lui avait jetée. Elle allonge son cou, fait dresser ses oreilles en pointe, change ses mains en pieds, ses bras en longues pattes et couvre tout son corps d'une peau tachetée. Mais la déesse ajoute aussi la crainte à ces transformations physiques. Actéon prend la fuite et, tout en courant, il s'étonne de sa légèreté. Arrivé au bord d'un ruisseau, il aperçoit son reflet, sa tête et ses cornes dans l'eau limpide. « Malheureux que je suis ! » voulait-il crier, mais aucune parole ne sort de sa bouche : il n'a plus de voix ; il ne peut plus que gémir. Il pleure et ses larmes coulent sur son pelage. Hélas ! il a conservé toute sa raison : que devait-il faire ? rentrer chez lui, dans le palais de son père ? la honte l'en empêche. Se cacher dans la forêt ? la crainte le retient.

Tandis qu'Actéon hésite, ses chiens l'ont aperçu. Les premiers, Mélampus, venu de Crète, et Ichnobates, de la race de Sparte, tous deux dotés d'un flair puissant, se mettent à aboyer. Soudain, plus rapides que le vent d'orage, tous les autres chiens de la meute accourent. Ils sont cinquante à poursuivre celui qui fut leur maître, à travers les montagnes, à travers les rochers escarpés : ils sont excités par l'odeur du gibier. Actéon fuit, pourchassé dans ces lieux où tant de fois il a chassé lui-même. Hélas ! il est devenu la proie de ses fidèles compagnons ; il voudrait leur crier : « Je suis Actéon, reconnaissez votre maître ! » Mais il ne peut plus faire entendre sa voix. Cependant d'innombrables aboiements résonnent dans la vallée. Mélanchétès plante le premier ses crocs dans le dos du cerf, puis c'est Thérodamas, puis Orésitrophos qui lui brise l'épaule. Tandis qu'ils empêchent leur maître de bouger, le reste de la meute arrive, se jette sur Actéon, le déchire, et bientôt sur tout son corps il n'y a plus aucune place pour de nouvelles morsures.

Actéon gémit : les sons plaintifs qu'il fait entendre ne ressemblent pas à la voix d'un homme, mais ce ne sont pas non plus les mugissements d'un cerf. Il remplit de ses cris de douleur ces lieux qu'il a tant de fois parcourus. Il s'agenouille, comme un suppliant pour faire sa prière, mais comme il ne peut plus tendre les bras, il essaie de secouer la tête en silence. Le malheureux entend au loin ses compagnons de chasse qui excitent la meute déchaînée à poursuivre le gibier, sans savoir ce qui est arrivé à Actéon. Ils cherchent leur ami : ils le croient parti et ils se mettent tous à l'appeler. Les bois retentissent de son nom :

— Actéon !

Le malheureux tourne la tête. Les chasseurs arrivent : ils voient la meute déchiqueter la proie. Actéon les entend regretter son absence :

— Dommage qu'il ne soit pas là pour voir le spectacle ! commente l'un d'entre eux.

Présent ! hélas ! Actéon est bien présent et voudrait ne pas l'être ! il voudrait bien être spectateur, et non pas victime ! Les sauvages exploits de sa meute, il les sent dans sa chair ! La gueule plongée dans le corps de leur maître, les chiens finissent de le déchirer de leurs dents cruelles. Ce n'est que lorsqu'elle voit Actéon réduit en lambeaux sanglants que Diane s'estime enfin vengée.

# Écho et Narcisse

« Se cupit imprudens et, qui probat, ipse probatur,
dumque petit, petitur, pariterque accendit et ardet.
Irrita fallaci quotiens dedit oscula fonti !
In mediis quotiens uisum captantia collum
bracchia mersit aquis nec se deprendit in illis !
Quid uideat, nescit ; sed quod uidet, uritur illo,
atque oculos idem, qui decipit, incitat error.
Credule, quid frustra simulacra fugacia captas ?
Quod petis est nusquam ! quod amas, auertere, perdes !
Ista repercussae, quam cernis, imaginis umbra est ! »

Livre III, vers 425 - 433

« Inconsciemment, il se désire, il est à la fois le sujet et l'objet de son amour, le chasseur et la proie, celui qui met le feu et celui qui brûle. Que de baisers sans réponse a-t-il donnés à la source trompeuse ! Que de fois a-t-il plongé les bras au milieu de l'eau pour y saisir sa tête sans parvenir à l'atteindre ! Que voit-il ? Il ne sait pas ; mais ce qu'il voit le brûle, et l'erreur qui trompe ses yeux les excite tout autant ! Naïf, pourquoi cherches-tu en vain à prendre ce qui n'est qu'une image fuyante ? Ce que tu cherches n'existe pas ! ce que tu aimes, tourne-toi et tu le perds ! Le fantôme que tu aperçois n'est que le reflet de ton image. »

Narcisse venait d'avoir seize ans : ce n'était plus un enfant, mais un jeune homme d'une incomparable beauté qui séduisait bien des cœurs. Les nymphes voulaient lui plaire, cependant il était si orgueilleux qu'il repoussait avec mépris toutes les personnes qui cherchaient à devenir ses amis. Un jour qu'il chassait les cerfs dans la forêt, il attire le regard d'Écho qui tombe instantanément amoureuse de lui.

En ce temps-là, Écho était une nymphe qui passait son temps à répéter les derniers mots qu'elle entendait : elle ne pouvait pas se taire quand les autres parlaient, mais jamais elle ne pouvait parler la première. Cette infirmité était une punition de Junon. En effet, quand la déesse surprenait par hasard son cher époux Jupiter en train de folâtrer dans les montagnes avec quelques belles nymphes, Écho faisait exprès de retenir Junon par de longs bavardages pour donner le temps à ses compagnes de fuir la colère de l'épouse dupée. Mais Junon avait fini par comprendre la ruse.

— Cette langue qui m'a trompée, avait-elle décrété à Écho, ne te servira plus que pour répéter les mots des autres !

L'effet avait aussitôt suivi la menace : depuis ce jour Écho était condamnée à ne plus être que l'écho des voix qu'elle entendait.

Depuis qu'Écho a vu Narcisse en train de chasser,

elle n'a plus qu'une idée en tête : le suivre en cachette. Cependant, plus elle le suit et plus son cœur s'enflamme. Combien de fois elle veut l'aborder pour lui parler tendrement et lui adresser de douces prières ! Mais son infirmité l'empêche de commencer : tout ce qui lui reste, c'est de guetter la voix de Narcisse, et d'attendre qu'il prononce des paroles qu'elle pourra répéter.

Or, un jour que Narcisse s'est égaré dans les bois, il se met à crier :

— Y a-t-il quelqu'un ici près de moi ?

Écho répond :

— *Moi !*

Stupéfait, Narcisse regarde tout autour de lui et crie d'une voix forte :

— Viens !

Écho répète :

— *Viens !*

Narcisse se retourne et, ne voyant arriver personne, reprend :

— Pourquoi me fuis-tu ?

Les paroles qu'il a prononcées lui reviennent telles quelles. Il insiste et, trompé par cette voix qui imite la sienne, il dit :

— Par ici, rejoignons-nous !

Il n'y avait pas de mots qui pouvaient faire plus de plaisir à Écho :

— *Joignons-nous !* répète-t-elle.

Aussitôt, ravie de pouvoir enfin joindre l'acte à la parole, elle sort du taillis où elle s'était cachée et s'élance vers Narcisse pour lui jeter les bras autour du cou. Mais le jeune homme sursaute et s'enfuit en criant :

— Enlève tes mains ! Plutôt mourir que te laisser m'embrasser !

Et la nymphe ne peut que répondre :

— *Te laisser m'embrasser !*

Écho, méprisée, va cacher sa honte au fond des bois. Depuis, elle vit seule dans des grottes obscures. Cependant, elle n'a pas réussi à oublier son amour : bien au contraire ! le chagrin d'avoir été repoussée n'a fait que l'augmenter. Sa passion la consume : une affreuse maigreur dessèche son corps et ride sa peau. Bientôt il ne lui reste plus que les os et la voix. Alors, à ce que l'on dit, ses os ont fini par se changer en rochers. On ne voit plus Écho dans la montagne, mais sa voix répond toujours à la voix qui appelle : ce n'est plus maintenant qu'un son qui vit encore en elle.

Cependant, Narcisse continue à mépriser les autres nymphes qui habitent les bois ou les fontaines, jusqu'au jour où l'une d'entre elles, élevant vers le ciel des mains suppliantes, s'écrie :

— Grands dieux, écoutez-moi ! Faites que cet orgueilleux aime à son tour sans pouvoir être aimé !

Némésis, la déesse qui veille à la justice, a entendu : elle va exaucer cette juste prière.

Il y avait une source limpide dont l'eau brillait comme de l'argent : personne ne venait s'y désaltérer, ni les bergers ni les troupeaux qui paissent sur les montagnes. Jamais aucun oiseau, aucune bête sauvage, aucune feuille tombée des arbres n'avait troublé sa pureté de cristal. Ombragée par des arbres touffus, elle était bordée d'un gazon verdoyant. C'est là qu'un jour, fatigué de la chasse et de la chaleur, Narcisse vient s'asseoir, attiré par la fraîcheur et le silence des lieux. Il a soif et se penche vers la source pour boire, mais voilà qu'il sent tout à coup naître en lui une soif nouvelle. Tandis qu'il boit, il est séduit par son image qui se réfléchit dans l'eau : il tombe amoureux de sa propre beauté. Il prend pour un corps ce qui n'est que de l'eau : il s'admire, il reste figé dans sa contemplation, immobile comme une statue qu'on aurait sculptée dans le marbre de Paros. Étendu sur le sol, il contemple ses yeux qui brillent comme des étoiles, ses cheveux flamboyants dignes du dieu Apollon, ses joues fraîches et lisses, son cou d'ivoire, sa bouche gracieuse, son teint de lis et de roses. Inconsciemment, il se désire, il est à la fois le sujet et l'objet de son amour, le chasseur et la proie, celui qui met le feu et celui qui brûle. Que de baisers sans réponse a-t-il donnés à la source trompeuse ! Que de fois a-t-il plongé les bras au milieu de l'eau pour y saisir sa tête sans parvenir à l'atteindre ! Que voit-il ? Il ne sait pas ; mais ce qu'il voit le brûle, et l'erreur qui trompe ses yeux les excite tout autant ! Naïf, pourquoi cherches-tu en vain à prendre ce qui n'est qu'une image fuyante ? Ce que tu cherches n'existe pas ! ce que tu aimes, tourne-toi et tu le perds ! Le fantôme que tu aperçois n'est que le reflet de ton image. Il n'a rien de réel : il est là avec toi, mais il disparaîtrait si tu t'en allais...

Cependant, Narcisse n'arrive pas à s'en aller. Ni le besoin de nourriture ni le sommeil ne peuvent l'arracher à cette source. Étendu sur l'herbe fleurie, le jeune homme contemple son image sans répit. Il oublie de manger, il ne dort plus : il dépérit, victime de ses propres yeux. Il peut à peine soulever sa tête languissante ; il se lamente :

— Ma souffrance est insupportable ! Que peut-il y avoir de pire ? L'objet que j'aime est tout près de moi : je le vois, mais je n'arrive pas à le toucher ! Ce n'est ni l'immense océan qui nous sépare, ni des montagnes escarpées, ni des murs élevés ! juste un peu d'eau entre lui et moi ! lui aussi, il me désire ! Chaque fois que je tends mes lèvres pour l'embrasser, je le vois rapprocher sa bouche de la mienne ! Quand je souris, tu me souris ; quand je pleure, tu pleures ; tu réponds à tous mes signes et je lis même des paroles sur tes lèvres qui bougent !... Mais je deviens fou, je le sens ! Toi, c'est moi ! Mon image ne peut plus me tromper : je brûle pour moi-même et je ne fais qu'attiser le feu qui me dévore. Que faire ? faut-il prier ? Mais qu'ai-je enfin à demander ? Ne suis-je pas moi-même tout ce que je demande ? Ainsi, pour trop posséder, je ne possède rien. Comment cesser d'être moi-même ! C'est de moi que je voudrais être séparé ! Déjà la douleur épuise mes forces. Il ne me reste plus longtemps à vivre : je meurs dans la fleur de l'âge, mais la mort n'a rien d'affreux pour moi, car elle mettra un terme à ma souffrance. Celui que j'aime disparaîtra aussi avec moi : unis dans un même corps, nous ne perdrons qu'une seule vie !

À ces mots, Narcisse veut regarder une dernière

fois son image : il pleure, l'eau se trouble et l'image disparaît. Alors, dans sa folie, il crie :

— Où fuis-tu, cruel ? je t'en supplie, arrête, ne me quitte pas !

Accablé par la douleur, il déchire sa robe et se frappe violemment la poitrine : dans l'eau redevenue transparente, son visage réapparaît, aussi pâle que de la cire. Son teint n'a plus l'éclat de la rose et du lis, son corps a perdu toutes ses forces. Il ne reste plus rien de cette image qu'il avait trop admirée, plus rien de cette beauté qu'avait trop aimée la malheureuse Écho.

Quand la nymphe revoit Narcisse dans cet état, elle se met à le plaindre, bien qu'elle n'ait pas oublié son mépris. Chaque fois que le jeune homme s'écrie « Hélas ! », la voix d'Écho répète « *Hélas !* » Chaque fois qu'il se frappe la poitrine, elle renvoie l'écho de ses coups. Enfin, quand Narcisse regarde son image dans l'eau une dernière fois et murmure en mourant :

— Adieu, toi que j'ai tant aimé en vain !

Écho reprend :

— *Tant aimé en vain !*

— Adieu !... murmure-t-il.

— *Adieu !* répète-t-elle.

La tête de Narcisse tombe sur l'herbe verte : la nuit de la mort envahit ses yeux victimes de sa beauté. Mais sa passion le poursuit jusqu'aux Enfers : il y cherche encore son image dans les eaux du Styx ! Les naïades et les nymphes le pleurent : elles gémissent et se coupent les cheveux en signe de deuil. Elles ont déjà préparé la cérémonie funèbre et le bûcher pour incinérer son corps, mais Narcisse a disparu : à sa place, les nymphes ne trouvent qu'une fleur jaune couleur de safran, dont le centre est entouré de pétales blancs[1].

1. Ovide n'a pas besoin de nommer cette fleur car on a compris qu'elle porte évidemment le nom de Narcisse.

# Pyrame et Thisbé

> « Ad nomen Thisbes oculos, jam morte gravatos,
> Pyramus erexit visaque recondidit illa.
> Quae postquam vestemque suam cognovit et ense
> vidit ebur vacuum : “Tua te manus, inquit, amorque
> perdidit, infelix ! Est et mihi fortis in unum
> hoc manus ; est et amor, dabit hic in vulnera vires.” »
>
> Livre IV, vers 145 - 150

> « Au nom de Thisbé, Pyrame ouvre ses yeux déjà envahis par les ombres de la mort : il voit celle qu'il aime tant, mais ses yeux se referment aussitôt. Thisbé aperçoit alors son voile ensanglanté ; elle découvre le fourreau d'ivoire vide de son épée. “Malheureux ! s'écrie-t-elle, c'est donc ta main qui t'a porté le coup fatal, c'est ton amour qui t'a tué ! Eh bien ! n'ai-je pas moi aussi une main, n'ai-je pas mon amour pour t'imiter et m'arracher la vie ?” »

Pyrame était le plus beau des jeunes gens et Thisbé la plus belle des jeunes filles de l'Orient. Ils habitaient à Babylone, dans cette ville que la reine Sémiramis entoura, dit-on, de superbes remparts. Comme leurs maisons étaient voisines, ils étaient amis depuis l'enfance. Avec le temps, leur amitié était devenue de l'amour. Ils auraient dû se marier, mais leurs parents ne voulaient pas de ce mariage. Cependant, ils ne purent les empêcher de continuer à s'aimer secrètement.

Pyrame et Thisbé n'ont aucun confident ; ils se parlent par gestes et par signes ; ils ne peuvent échanger que des regards. Mais plus leur flamme est cachée, plus elle brûle avec violence au fond de leur cœur. Entre leurs deux maisons s'élevait une muraille : une petite fente la fissurait légèrement depuis le jour de sa construction. Des siècles s'étaient écoulés sans que personne s'en fût aperçu. Mais que ne va-t-on point remarquer quand on est amoureux ? Pyrame et Thisbé l'avaient découverte et ils s'en servaient pour laisser passer leur voix : à travers elle, ils pouvaient enfin se murmurer de tendres paroles sans courir le risque d'être entendus. Souvent Pyrame, placé d'un côté du mur, et Thisbé de l'autre avaient respiré leur douce haleine en soupirant :

— Mur jaloux, disaient-ils, pourquoi t'opposes-tu à notre bonheur ? pourquoi nous empêches-tu de nous toucher ? pourquoi au moins ne t'entrouvres-tu pas un tout petit peu pour laisser passer nos baisers ? Mais nous ne sommes pas des ingrats ! Nous reconnaissons le bien que tu nous fais. C'est à toi que nous devons le plaisir de nous entendre et de nous parler !

C'est ainsi qu'ils se parlaient le jour ; et quand la

nuit ramenait les ombres, ils se disaient adieu : ils posaient alors leurs lèvres sur la muraille pour s'envoyer des baisers qu'ils ne pouvaient recevoir. Au matin, à peine les premiers rayons du soleil avaient-ils fait pâlir les astres de la nuit et sécher la rosée sur les fleurs qu'ils se retrouvaient au même rendez-vous.

Un jour, après s'être murmuré à voix basse de longues plaintes sur leur triste sort, Pyrame et Thisbé décident de tromper la vigilance de leur famille, d'ouvrir les portes dans le silence de la nuit, de sortir de leurs maisons et même de la ville. Pour ne pas se perdre dans la vaste campagne, ils conviennent de se retrouver au tombeau du roi Ninus, l'époux de Sémiramis : c'est là qu'ils se cacheront à l'abri d'un vieux mûrier. Cet arbre, qui portait alors des fruits blancs comme la neige, se dressait sur le bord d'une fraîche fontaine. D'un commun accord, ils retiennent ce plan.

Impatients, les jeunes amoureux guettent la course du soleil, qui leur paraît bien plus lent qu'à l'ordinaire. La nuit venait à peine de tomber quand Thisbé réussit à tromper la surveillance de ses parents. Elle fait tourner sans bruit la porte sur ses gonds : profitant de l'obscurité, le visage caché par un voile, elle sort. Elle court à la clarté de la lune, arrive au tombeau de Ninus et s'assied sous l'arbre convenu. L'amour lui donnait de l'audace. Mais voilà que soudain s'avance une lionne qui vient d'égorger tout un troupeau de bœufs : la gueule sanglante, elle vient étancher sa soif dans la source voisine. Thisbé l'aperçoit aux rayons de la lune : elle a juste le temps de fuir en tremblant pour se réfugier dans une grotte voisine, mais en fuyant elle laisse tomber le voile qui couvrait sa tête. Cependant, la lionne, après s'être désaltérée, se préparait à regagner la forêt. Elle flaire alors par hasard le voile abandonné sur le sol, le mord, le déchire, et l'abandonne couvert du sang qu'elle avait encore sur sa gueule.

De son côté, Pyrame est sorti plus tard de sa demeure. Il arrive au tombeau de Ninus. Dès qu'il voit dans la poussière les empreintes du fauve, il pâlit. Un peu plus loin, il découvre le voile taché de sang qu'il reconnaît aussitôt : c'est celui de Thisbé !

— Une même nuit, s'écrie-t-il, va voir la mort de deux amants ! de nous deux, c'est elle qui était la plus digne d'une longue vie ! Ah ! je suis le seul coupable. Thisbé ! c'est moi qui suis ton assassin ! c'est moi qui t'ai fait venir seule, pendant la nuit, dans ce lieu si dangereux ! Si seulement j'avais pu arriver le premier ! Vous les lions, venez mettre mon corps en lambeaux, punissez-moi ! Mais que dis-je ? seuls les lâches se bornent à appeler la mort !

À ces mots, Pyrame prend le voile de Thisbé et le porte sous cet arbre où la jeune fille aurait dû l'attendre : il le couvre de baisers, il l'arrose de ses larmes ; il s'écrie :

— Reçois aussi mon sang : c'est ma main qui va le répandre !

Il saisit l'épée qu'il portait à la ceinture, la plonge dans sa poitrine, puis, dans un dernier effort, l'arrache de sa large blessure. Il tombe, mourant : son sang jaillit avec force, comme un jet qui s'échappe dans les airs en sifflant. Le mûrier, arrosé par cette pluie de sang, rougit aussitôt et sa racine garde la couleur de la pourpre sanglante pour la donner aux mûres que portent ses rameaux.

Cependant Thisbé, tremblant encore, a peur de faire attendre celui qu'elle aime : elle revient, elle le cherche et des yeux et du cœur. Elle a hâte de lui raconter les dangers auxquels elle a réussi à échapper. Elle reconnaît l'endroit, elle reconnaît l'arbre, mais la nouvelle couleur de ses fruits l'intrigue : elle se demande si c'est bien le même. Tandis qu'elle hésite, elle voit avec effroi un corps palpitant couché sur la terre ensanglantée. Elle recule, elle pâlit d'épouvante et d'horreur : elle a reconnu Pyrame. Accablée de douleur, elle crie, se frappe la poitrine, arrache ses cheveux. Elle embrasse Pyrame, pleure sur sa blessure, mêle ses larmes avec son sang. Elle couvre de baisers son visage déjà glacé :

— Pyrame, s'écrie-t-elle, quel malheur nous a séparés ! cher Pyrame, réponds ! c'est ta bien-aimée Thisbé qui t'appelle ! entends ma voix, redresse ta tête !

Au nom de Thisbé, Pyrame ouvre ses yeux déjà envahis par les ombres de la mort : il voit celle qu'il aime tant, mais ses yeux se referment aussitôt. Thisbé aperçoit alors son voile ensanglanté ; elle découvre le fourreau d'ivoire vide de son épée.

— Malheureux ! s'écrie-t-elle, c'est donc ta main qui t'a porté le coup fatal, c'est ton amour qui t'a tué ! Eh bien ! n'ai-je pas moi aussi une main, n'ai-je pas mon amour pour t'imiter et m'arracher la vie ? Je te suivrai dans la nuit du tombeau. On dira de moi :

l'infortunée ! elle fut la cause et la compagne de sa mort. Hélas ! c'est la mort seule qui pouvait nous séparer, mais aujourd'hui elle n'aura pas ce pouvoir ! Et vous, nos malheureux parents, toi, mon père, et toi le père de Pyrame, écoutez ma dernière prière : ne refusez pas un même tombeau à ceux qu'un même amour et une même mort ont voulu réunir ! Et toi, arbre fatal, toi qui couvres le corps de Pyrame de ton ombre, toi qui vas bientôt couvrir le mien, garde l'empreinte de notre sang ! porte désormais des fruits sombres en signe de deuil : symboles de douleur et de larmes, ils seront à jamais le sanglant témoignage du double sacrifice de deux amants !

À ces mots, Thisbé s'empare de l'épée encore fumante du sang de Pyrame, elle l'appuie sur sa poitrine et se laisse tomber sur le corps de son amant. Le cœur transpercé, elle rend son dernier souffle en embrassant les lèvres toutes froides de Pyrame.

Cependant, la prière de Thisbé est exaucée : les dieux l'ont entendue. Les deux pères, émus, acceptent enfin de réunir les amants dans un même tombeau. Aujourd'hui, la mûre se teint de pourpre en mûrissant. Dans le tombeau, une même urne renferme les cendres de Pyrame et de Thisbé[1].

---

1. La trame de cette belle et tragique histoire sera reprise par Shakespeare dans *Roméo et Juliette* (1595).

# Les exploits de Persée

## La délivrance d'Andromède

« Belua puniceo mixtos cum sanguine fluctus
ore vomit : maduere graves adspergine pennae.
Nec bibulis ultra Perseus talaribus ausus
credere, conspexit scopulum, qui vertice summo
stantibus exstat aquis, operitur ab aequore moto.
Nixus eo rupisque tenens iuga prima sinistra,
ter quater exegit repetita per ilia ferrum. »

Livre IV, vers 728 - 734

« Le monstre vomit des flots de sang mêlés aux flots de la mer : ils arrosent les ailes de Persée qui sent ses sandales s'alourdir. Le héros n'ose plus s'envoler car il a peur de tomber ; il a aperçu un écueil dont la pointe se dresse au-dessus des vagues : il le prend pour appui et, tandis qu'il tient la pointe du roc de sa main gauche, il plonge trois ou quatre fois son épée dans le ventre du monstre, sans lui laisser aucun répit. »

Persée prend ses sandales ailées, les attache à ses pieds et suspend à sa ceinture son épée recourbée. Dans une besace qu'il porte à l'épaule, il a soigneusement rangé son précieux trophée : la tête de Méduse[1]. Il se prépare à s'élancer dans l'air pour parcourir le ciel d'un vol rapide. Le jeune héros savoure la gloire de sa puissance et de sa naissance : c'est le grand Jupiter lui-même qui est descendu de l'Olympe en prenant la forme d'une pluie d'or pour s'unir à sa mère Danaé, fille du roi d'Argos Acrisius. Comme Bacchus[2] et Hercule, Persée est fier d'être le fils du maître des dieux.

Persée vole : il a déjà laissé derrière lui d'innombrables terres, lorsqu'il baisse les yeux sur l'Éthiopie, le pays du roi Céphée. Le royaume est alors en plein bouleversement à cause de l'orgueil de Cassiopée, l'épouse de Céphée. En effet, la reine a osé se vanter d'être plus belle que les divines néréides, dont le palais se trouve sous la mer[3], et, pour la punir de cette audace, Neptune a envoyé un monstre marin ravager le pays. Le roi, affolé, a déjà consulté l'oracle pour savoir comment apaiser la colère du dieu et la réponse est tombée, terrible : c'est sa propre fille, Andromède, que Céphée doit offrir en pâture au monstre pour expier les insolents discours de sa mère. La mort dans l'âme, le roi a dû se résoudre à conduire sa fille au sacrifice.

---

1. Persée racontera lui-même plus tard comment il a vaincu la Gorgone Méduse (voir p. 99).
2. Voir p. 74.
3. Les néréides sont les filles de Nérée (voir p. 26).

La jeune princesse est attachée sur un rocher qui surplombe la mer. Malgré l'horreur de la situation, sa beauté resplendit : on pourrait la prendre pour une merveilleuse statue sculptée dans le marbre par le plus grand des artistes si ses cheveux ne flottaient pas au gré du vent et si ses larmes ne coulaient pas sur ses joues. Persée la voit : aussitôt séduit, il admire les charmes qu'il aperçoit ; il en oublie presque de battre les airs de ses ailes ! À son insu, les feux de l'amour ont déjà pénétré dans son cœur. Il s'arrête et descend ; à peine a-t-il posé le pied par terre qu'il s'écrie :

— Belle inconnue, tu n'es pas faite pour porter de pareilles chaînes ! c'est celles de l'amour qui devraient t'attacher ! de grâce, réponds-moi : comment t'appelles-tu ? quel est le nom de ce pays ? pourquoi es-tu ainsi enchaînée ?

Andromède se tait ; c'est une pure jeune fille innocente : elle n'ose pas regarder un homme, elle n'ose pas lui parler. Si elle avait pu se détacher, elle aurait caché son visage dans ses mains, mais elle ne peut que pleurer et ses yeux se remplissent de larmes. Cependant, Persée insiste et Andromède a peur de paraître coupable si elle ne lui répond pas : elle dit son nom, celui de son pays, et elle raconte comment la vanité de sa mère a causé son malheur.

Tandis que la princesse parle encore, la mer se met à bouillonner : dans un fracas épouvantable, un monstre surgit des vagues et s'avance vers le rocher ; sa taille est gigantesque et son corps couvert d'écailles semble couvrir toute la surface de l'eau. Andromède pousse un cri ; son père et sa mère courent vers elle, mais ils savent qu'ils sont trop faibles pour la secourir. Ils ne peuvent que se lamenter en embrassant leur fille attachée au rocher.

— Vous aurez plus tard tout le temps de pleurer ! leur dit alors Persée, mais nous n'avons qu'un instant pour sauver votre fille. Si je la demandais en mariage, moi, Persée, fils de Jupiter et de Danaé, moi qui ai vaincu la Gorgone à la tête hérissée de serpents, moi qui vole dans le ciel porté par des ailes légères, je suis sûr que vous me choisiriez pour gendre de préférence à tous les autres prétendants. Mais je veux faire plus que me présenter avec ces titres de gloire : avec l'aide des dieux, je veux obtenir Andromède parce que je l'aurai méritée. Si je réussis à la sauver grâce à mon courage, je demande qu'elle soit à moi : telle est ma condition !

Céphée et Cassiopée acceptent : comment auraient-ils pu refuser dans la situation où ils étaient ! Ils promettent au héros intrépide leur fille pour épouse et leur royaume pour dot.

Cependant, semblable à un navire rapide qui fend les vagues écumantes, le monstre approche en écartant les flots. Déjà il n'était plus qu'à un jet de fronde du rivage, quand, tout à coup, Persée frappe le sol de ses pieds pour s'élancer dans l'air : son ombre réfléchie par la surface de l'eau semble voler sur la mer ; le monstre la voit et se met à la combattre. Persée s'abat alors sur son dos comme un aigle qui saisit un serpent par-derrière pour éviter d'être mordu, et il plonge son épée recourbée dans son épaule droite. Atteint d'une profonde blessure, le monstre bondit et se dresse dans l'air de toute sa taille gigantesque. Il rugit : tantôt il se cache sous l'eau, tantôt il tourne sur lui-même comme un sanglier féroce poursuivi par une meute de chiens. Grâce à ses ailes, Persée échappe à la gueule béante qui essaie de le mordre et, à grands coups d'épée, il frappe sans relâche : sur le dos hérissé d'écailles, sur les flancs, sur la queue qui ressemble à celle d'un poisson. Le monstre vomit des flots de sang mêlés aux flots de la mer : ils arrosent les ailes de Persée qui sent ses sandales s'alourdir. Le héros n'ose plus s'envoler car il a peur de tomber. Il a aperçu un écueil dont la pointe se dresse au-dessus des vagues. Il le prend pour appui et, tandis qu'il tient la pointe du roc de sa main gauche, il plonge trois ou quatre fois son épée dans le ventre du monstre, sans lui laisser aucun répit.

Des applaudissements et des cris de joie retentissent sur le rivage. Le monstre est mort : son corps sanglant a disparu dans la mer. Ravis, Céphée et Cassiopée félicitent le héros : ils le considèrent désormais comme leur gendre et comme le sauveur de leur royaume. Délivrée de ses chaînes, Andromède s'avance et se jette dans les bras de ses parents.

## Le combat contre Méduse

« Perque vias vidisse hominum simulacra ferarumque
in silicem ex ipsis visa conversa Medusa.
Se tamen horrendae clipei, quem laeva gerebat,
aere repercusso formam adspexisse Medusae,

dumque gravis somnus colubrasque ipsamque tenebat,
eripuisse caput collo ; pennisque fugacem
Pegason et fratrem matris de sanguine natos. »

Livre IV, vers 780 - 786

« “Chemin faisant, j’avais aperçu partout, dans les champs et sur les sentiers, des hommes transformés en statues, des animaux pétrifiés par Méduse. Oui, je savais que c’était le nom de celle des trois Gorgones qui avait le pouvoir de transformer en pierre tous ceux qui regardaient son visage hideux. Mais j’avais pris mes précautions : une fois entré dans son palais sans faire de bruit, je m’étais placé derrière une colonne pour l’observer, non pas elle, bien sûr ! mais son image qui se reflétait sur la surface de bronze finement polie du bouclier que je tenais dans ma main gauche. Et j’attends. Alors, tandis que le monstre avait fini par s’endormir ainsi que tous les serpents qui sifflaient sur sa tête, je sors mon épée recourbée et je tranche son cou sans hésiter !” Persée raconte encore comment le cheval ailé Pégase et le guerrier à l’épée d’or Chrysaor sont nés du sang de Méduse qui coulait à grands flots. »

Persée a délivré Andromède. Il est encore tout couvert du sang du monstre marin qu’il vient de tuer. Il se lave les mains dans l’eau. Comme il veut aussi nettoyer sa besace du sang qui la couvre, il a posé près de lui la tête de Méduse aux cheveux hérissés de serpents : pour qu’elle ne s’abîme pas sur les rochers, il lui a fait un lit de tiges et de feuillages qui poussent comme des algues au fond de la mer. Mais au contact de la tête monstrueuse qui possède le pouvoir de pétrifier tous les êtres vivants, ces tiges fraîchement coupées, encore pleines de sève, se mettent à rougir et à durcir instantanément. C'est là l'origine du corail car, depuis ce temps, ses branches ont conservé la même propriété : tendres et flexibles sous l'eau, elles durcissent à l'air jusqu'à avoir la dureté de la pierre.

Une fois lavé, Persée élève un autel pour honorer les dieux ; après leur avoir fait un sacrifice, il épouse Andromède. Le roi Céphée a préparé une superbe fête de mariage pour sa fille : il donne un grand festin dans la plus belle salle de son palais. On chante, on danse, on boit et on écoute des histoires. Tous les convives sont impatients d'entendre Persée raconter comment il a obtenu la tête effrayante aux cheveux hérissés de serpents.

— Au pied du mont Atlas, explique alors le héros, se trouve une grotte protégée par des rochers très escarpés. C'est là qu'habitent les deux Grées[1] qui gardent le chemin conduisant aux Gorgones. Il faut savoir que ces vieilles femmes n'ont qu'un seul œil pour deux et qu'elles sont donc obligées de se le prêter tour à tour. Après une longue marche, je parviens à la grotte : tandis que l'une des Grées remettait l'œil à l'autre, je tends discrètement ma main à la place de celle qui allait le saisir, et je m'en empare. Grâce à cet œil qui voit tout, je trouve facilement ma route, au travers des forêts et des montagnes, pour arriver au palais des Gorgones. Chemin faisant, j'avais aperçu partout, dans les champs et sur les sentiers, des hommes transformés en statues, des animaux pétrifiés

1. Leur nom signifie « les Vieilles » en grec.

par Méduse. Oui, je savais que c'était le nom de celle des trois Gorgones qui avait le pouvoir de transformer en pierre tous ceux qui regardaient son visage hideux. Mais j'avais pris mes précautions : une fois entré dans son palais sans faire de bruit, je m'étais placé derrière une colonne pour l'observer, non pas elle, bien sûr ! mais son image qui se reflétait sur la surface de bronze finement polie du bouclier que je tenais dans ma main gauche. Et j'attends. Alors, tandis que le monstre avait fini par s'endormir ainsi que tous les serpents qui sifflaient sur sa tête, je sors mon épée recourbée et je tranche son cou sans hésiter !

Persée raconte encore comment le cheval ailé Pégase et le guerrier à l'épée d'or Chrysaor sont nés du sang de Méduse qui coulait à grands flots. Il continue en passant ses exploits en revue, mais l'un des convives veut savoir pourquoi Méduse est la seule de trois sœurs Gorgones à avoir une tête hideuse hérissée de serpents. Persée répond :

— Apprenez tous que Méduse brillait jadis de tout l'éclat d'une exceptionnelle beauté et qu'un grand nombre de prétendants se la disputaient. Ses cheveux surtout étaient magnifiques : j'ai connu des voyageurs qui l'ont vue et qui me l'ont raconté. C'est Neptune qui fut la cause de son malheur, à ce que l'on dit : tombé sous son charme, le dieu de la mer l'entraîna dans un temple de Minerve où il abusa d'elle. Horrifiée d'un tel acte sacrilège, la chaste déesse détourna les yeux et cacha son visage sous son égide[1]. Pour se

---

1. L'égide est une sorte de petite cuirasse en peau de chèvre

venger, elle changea aussitôt les cheveux de Méduse en serpents. Aujourd'hui encore, la fille de Jupiter, pour frapper ses ennemis d'épouvante et d'horreur, porte sur son égide la tête de la Gorgone que je lui ai offerte.

---

que Minerve, fille chérie de Jupiter, tient de son père. Elle la porte toujours sur les épaules comme emblème de sa puissance.

# L'enlèvement de Proserpine et le deuil de Cérès

« At medius fratrisque sui maestaeque sororis
Iuppiter ex aequo volventem dividit annum :
nunc dea, regnorum numen commune duorum,
cum matre est totidem, totidem cum coniuge menses. »

Livre V, vers 564 - 567

« Jupiter décide alors d'intervenir : en arbitre équitable entre son frère et sa sœur, le maître de l'Olympe partage le déroulement de l'année en deux parts égales. Il ordonne que Proserpine passe six mois avec sa mère sur terre et six mois sous terre avec son époux. »

Il y a dans la mer une île immense, que l'on appelle Trinacrie, l'île aux trois pointes : elle couvre le vaste corps d'un Géant foudroyé par Jupiter[1]. C'est l'orgueilleux Typhée qui a osé s'attaquer à l'Olympe :

1. *Trinacria* (« trois pointes » en grec) est le nom ancien de

il gémit et s'agite souvent, écrasé sous cette énorme masse. L'Etna pèse lourdement sur sa tête : c'est par le sommet de ce mont que sa bouche crache vers le ciel des torrents de flammes et de pierres[1]. Typhée hurle. Couché sur le dos, il se débat pour briser ses chaînes : il veut secouer les villes et les montagnes entassées sur son corps ! Alors la terre tremble jusque dans ses profondeurs. Le dieu des Enfers, Pluton lui-même, craint qu'elle se déchire et que la lumière du jour pénètre dans son royaume pour y semer la panique.

La peur de ce désastre a fait sortir Pluton de son palais souterrain. Monté sur son char tiré par des chevaux tout noirs, il parcourt l'île de Trinacrie. Il examine avec soin l'ensemble de son territoire : tout lui paraît solide. Aucun danger ne le menace, et son inquiétude s'apaise. Cependant, du haut du mont Éryx, Vénus aperçoit le char du dieu traversant la plaine ; la déesse de l'amour embrasse son fils et lui dit :

— Cher Cupidon, toi qui es mon appui, ma force, ma puissance, prends tes flèches légères et frappe le cœur de ce dieu qui a reçu le royaume des Enfers dans le partage du monde ! Tu as triomphé de tous les dieux de l'Olympe, de Jupiter lui-même, des divinités de la mer et de Neptune. Pourquoi ferais-tu une

---

la Sicile, dont la forme rappelle celle d'un triangle. Pour le combat contre les Géants, voir p. 17.

1. Cette légende explique à sa façon les éruptions de l'Etna, le célèbre volcan sicilien toujours en activité.

exception pour le souverain des morts ? Pourquoi ne pas le soumettre au pouvoir de ta mère, qui est aussi le tien ? C'est un tiers de l'univers qui est en jeu ! Déjà dans le ciel on discute notre autorité : ne vois-tu pas Minerve et Diane refuser les lois de l'amour pour préférer la chasteté ? La fille de Cérès, si nous le tolérons, nous prépare la même insulte : elle aussi, elle veut se faire une gloire de garder sa virginité. Ah ! mon cher fils, si tu aimes ta mère et le pouvoir qu'elle te donne, fais que Pluton épouse sa nièce Proserpine[1] et partage avec elle le trône des Enfers !

À ces mots, Cupidon, le petit dieu ailé, a déjà détaché son carquois : pour obéir à sa mère, il choisit parmi toutes ses flèches (il en a des milliers) la plus pointue et la plus rapide. Il courbe l'arc sur son genou : la flèche vole et transperce le cœur du farouche Pluton.

Non loin des remparts de la cité d'Henna se trouve un lac profond ; des arbres à l'épais feuillage lui font comme un berceau de verdure impénétrable aux rayons du soleil. La terre est parsemée de fleurs. C'est dans cet endroit charmant où semble régner un printemps éternel qu'aime jouer Proserpine avec ses amies les nymphes. Elle vient y cueillir des violettes ou des lis éclatants de blancheur : elle en remplit des corbeilles, elle en met jusque dans les plis de sa robe. Comme toutes les jeunes filles de son âge, elle est

1. Jupiter, Neptune, Pluton, Junon, Cérès et Vesta sont tous frères et sœurs, nés des Titans Saturne et Rhéa. Proserpine est née de l'union de Cérès, la déesse des moissons, avec Jupiter.

coquette : elle se fait des colliers de fleurs, en pique dans ses longs cheveux.

La voir, l'aimer, l'enlever : pour Pluton c'est l'affaire d'un seul instant ! Il est vrai que l'amour est toujours si impatient ! La jeune déesse épouvantée appelle sa mère et ses amies en gémissant – sa mère surtout ! Sa robe est déchirée : les fleurs qu'elle avait cueillies tombent sur le sol. Cependant le ravisseur emporte déjà sa proie sur son char : il excite ses chevaux en les nommant tour à tour ; il secoue les rênes sur leur longue crinière noire. Pluton traverse les lacs profonds, les plaines et les vallées, puis il frappe la terre de son sceptre puissant : le sol s'entrouvre et le char disparaît dans le gouffre qui le mène aux Enfers.

Cependant, alarmée de la disparition de sa fille, Cérès la cherche en vain. Du matin au soir, elle erre par toute la terre et sur toutes les mers. Elle a allumé aux feux de l'Etna deux torches de pin qu'elle brandit à bout de bras pour guider ses pas dans les froides ténèbres de la nuit. Elle cherche, elle cherche, sans jamais s'arrêter. Mais à la fin, épuisée de fatigue et accablée par la soif, elle voudrait trouver un endroit pour se reposer : elle aperçoit par hasard une cabane couverte de chaume. Elle frappe à la porte : une vieille femme ouvre et reconnaît la déesse qui lui demande un peu d'eau pour se désaltérer. Aussitôt la vieille lui présente une boisson saupoudrée de grains d'orge grillés qu'elle venait de préparer.

Pendant que la déesse est en train de boire, un enfant à l'air effronté s'est planté devant elle : il éclate de rire et la traite de vorace. Très vexée par cette insolence, Cérès lui jette aussitôt au visage le reste de la mixture qu'elle n'avait pas encore fini de boire : il en est tout arrosé. La peau du méchant petit garçon se couvre aussitôt de taches ; ses bras deviennent des pattes, une queue s'ajoute à ses membres qui ont changé de forme. Pour qu'il ne puisse pas faire de mal, l'enfant rétrécit jusqu'à avoir la taille d'un modèle réduit de petit lézard. Frappée d'étonnement, la vieille femme se met à pleurer et essaie de toucher cette créature extraordinaire, mais celle-ci s'enfuit pour se cacher. Dès lors, ce lézard tire son nom de son aspect et de sa couleur : comme son corps est constellé des gouttes dont il a été aspergé, il se nomme stellion[1].

Mais il serait trop long de raconter sur quelles terres et sur quelles mers a erré la déesse accablée par le chagrin. Désespérée de ne rien trouver, elle revient enfin en Sicile. Elle maudit la terre entière, l'accuse d'ingratitude et la déclare indigne de porter ses moissons ; mais elle accable surtout de sa haine l'île où sa fille a disparu. D'une main impitoyable, elle brise le soc des charrues, frappe de mort les paysans et les troupeaux, détruit les semences et tous les germes des plantes. Ainsi la Sicile perd toute sa fertilité, si célèbre dans le monde entier[2]. Les champs de

1. Le stellion (de *stella* en latin, qui signifie « étoile », d'où le jeu de mots sur « constellé ») est un lézard très répandu autour de la Méditerranée : on l'appelle aussi gecko.

2. Dans l'Antiquité, la Sicile est un « grenier à blé » qui fournit toute la Méditerranée.

blé meurent en herbe, brûlés par le soleil ou inondés par des torrents de pluie. L'ivraie, le chardon et l'herbe parasite ont remplacé les moissons. Les oiseaux dévorent ce qui reste des grains. Des vents violents détruisent tout sur leur passage.

Cependant, près de la ville de Syracuse, la nymphe Aréthuse se met à crier :

— Cérès, puissante déesse des moissons, arrête ta colère et cesse de ravager un pays qui n'a pas mérité ta vengeance cruelle ! Tu cherches toujours ta fille, mais moi je sais où elle est. Je suis une nymphe : je vis dans une source dont les eaux viennent du fond de la terre. C'est là que j'ai vu Proserpine se promener au bord du Styx, le fleuve infernal. Oui, j'ai vu la tristesse et l'effroi sur son visage, mais sache qu'elle règne désormais dans le royaume des morts, car elle est devenue la puissante épouse du roi des Enfers !

À ces mots, la déesse reste stupéfaite, comme frappée par la foudre, puis la colère et la douleur submergent son cœur de mère. Elle monte sur son char et s'élance vers le mont Olympe. Le visage baigné de larmes, les cheveux épars sur ses épaules, elle va trouver Jupiter :

— Maître des dieux, supplie-t-elle, je viens t'implorer pour mon enfant, qui est aussi le tien. Si tu n'as pas pitié de la mère, laisse-toi au moins attendrir par la fille ! Je l'ai enfin retrouvée, et, pourtant ! au moment même où je la retrouve, je découvre que je l'ai perdue ! Je suis prête à pardonner à Pluton, pourvu qu'il me la rende ! Ta fille n'est pas digne d'être la proie d'un ravisseur !

Jupiter lui répond :

— Proserpine est le gage de notre amour : nous veillons sur elle, toi et moi. Mais s'il faut appeler les choses par leur nom, ce qu'a fait le dieu des Enfers n'est pas une insulte, mais une preuve d'amour. Si tu l'acceptes, nous n'aurons pas à avoir honte de ce mariage. Sans parler de ses autres avantages, n'est-ce pas assez pour Pluton d'être le frère de Jupiter ? Que lui manque-t-il ? Il est le plus riche[1] d'entre nous ! Si cependant tu persistes à vouloir arracher notre fille de ses bras, elle te sera rendue, mais à la condition qu'elle n'ait goûté à aucune nourriture dans les Enfers. Telle est la décision des Parques qui gouvernent le destin[2].

Cérès est transportée de joie : elle croit déjà ramener sa fille sur la terre, mais voilà que les Parques s'y opposent. Les trois vieilles fileuses sont formelles : au cours d'une promenade dans les jardins du palais de Pluton, la jeune déesse a déjà cueilli une grenade et elle en a sucé sept grains. Catastrophe ! Proserpine a-t-elle ainsi perdu tout espoir de retour ? Ému par sa détresse et celle de sa mère, Jupiter décide alors d'intervenir : en arbitre équitable entre son frère et sa sœur, le maître de l'Olympe partage le déroulement de l'année en deux parts égales. Il ordonne que Pro-

1. En grec *ploutôn* signifie « celui qui est riche » : Pluton est le maître d'un royaume aux richesses (les métaux dans le sous-sol) et aux habitants (les morts) innombrables.

2. Voir p. 150.

serpine passe six mois avec sa mère sur terre et six mois sous terre avec son époux[1].

Enfin, le calme renaît dans le cœur de Cérès et son visage a repris toute sa rayonnante sérénité, comme le soleil qui sort des nuages après une longue tempête.

1. Ce mythe étiologique (qui explique les causes d'un phénomène naturel) rend ainsi compte de l'alternance des saisons : printemps, été avec Cérès (la végétation pousse) ; automne, hiver avec Pluton (la végétation semble disparaître).

# L'orgueil d'Arachné

« Postea discedens sucis Hecateidos herbae
sparsit et extemplo tristi medicamine tactae
defluxere comae, cumque his et nares et aures,
fitque caput minimum ; toto quoque corpore parva
est : in latere exiles digiti pro cruribus haerent,
cetera venter habet, de quo tamen illa remittit
stamen et antiquas exercet aranea telas. »

Livre VI, vers 139 - 145

« À ces mots, Minerve s'en va, mais, avant de disparaître, elle a aspergé Arachné d'un liquide verdâtre et visqueux : c'est un poison tiré d'un mélange d'herbes vénéneuses choisies par la magicienne Hécate. Aussitôt, sous l'effet de ce poison redoutable, les cheveux de l'orgueilleuse brodeuse tombent, et avec eux son nez et ses oreilles ; sa tête devient toute petite, son corps tout entier rapetisse. De maigres doigts, à la place de jambes, s'attachent à ses flancs ; tout le reste n'est plus qu'un ventre, mais elle en tire encore du fil. C'est désormais une araignée : elle exerce toujours son talent et continue à tisser sa toile. »

Arachné ne tenait sa célébrité ni de ses ancêtres ni de sa patrie : c'est à son art seul qu'elle devait toute sa gloire. Son père Idmon gagnait sa vie à Colophon, une ville d'Asie mineure[1], en teignant la laine avec la pourpre des coquillages. Sa mère était d'une famille très modeste : elle était morte en mettant sa fille au monde. Cependant, le nom d'Arachné, fille d'un humble artisan, était célèbre dans toutes les villes de la province de Lydie. Elle habitait un petit village perdu au fin fond de la campagne, où pourtant se pressaient toutes les nymphes de la région pour admirer ses travaux. Arachné était brodeuse : elle tissait des toiles magnifiques. C'était un plaisir pour la foule non seulement de contempler ses chefs-d'œuvre, mais encore de la voir au travail, tant ses mains étaient agiles ! Avec une grâce et une légèreté incomparables, elle dévidait la laine en pelotes arrondies, elle faisait rouler le fuseau, elle étirait les fils en pressant de ses doigts habiles les flocons de laine qui ressemblaient à de jolis nuages blancs, elle glissait la navette dans la trame de son métier à tisser, elle traçait à l'aiguille les premiers traits, elle brodait... Bref, elle était si experte qu'on se mit à l'honorer comme une élève de Minerve, la glorieuse fille de Jupiter, la déesse protectrice des artisans et des brodeuses. Cependant Arachné refuse

1. Aujourd'hui à l'ouest de la Turquie.

cet éloge : par orgueil, elle ne peut admettre qu'on lui donne un professeur, même immortel !

— Que la déesse vienne donc rivaliser avec moi, lance-t-elle un beau jour à ses admirateurs. Si je suis vaincue, j'accepterai tout ce que vous voudrez !

Furieuse, Minerve prend l'apparence d'une vieille femme : elle couvre sa tête de faux cheveux blancs ; elle s'appuie sur un bâton et avance toute courbée vers Arachné.

— On a tort de mépriser les vieillards, lui dit-elle d'une voix chevrotante. Les années leur donnent beaucoup d'expérience. Écoute mes conseils : certes, tu peux avoir l'ambition de surpasser toutes les mortelles dans ton art, cependant, crois-moi, ne prétends pas égaler une déesse ! Si tu supplies Minerve de bien vouloir oublier ton orgueil téméraire et tes paroles offensantes, elle te pardonnera !

Mais Arachné jette sur la vieille femme un regard furieux. Elle quitte l'ouvrage qu'elle vient de commencer : elle a du mal à retenir sa main prête à gifler ; la colère se lit sur son visage.

— Vieille folle ! réplique-t-elle à la déesse qu'elle ne reconnaît pas, le poids de l'âge qui courbe ton corps a aussi affaibli ta raison ! Quel malheur pour toi d'avoir vécu si longtemps ! Si tu as une fille, ou si ton fils a une femme, va donc leur faire la leçon ! Garde pour elles tes conseils : je sais me conseiller moi-même ! Ne crois surtout pas que tes paroles ont eu le moindre effet : je n'ai pas changé d'avis ! Pourquoi donc Minerve refuse-t-elle d'accepter mon défi ? pourquoi ne vient-elle pas elle-même ici ?

— Elle est venue ! s'écrie alors la déesse, et, soudain, elle abandonne son apparence de vieille femme pour se montrer dans toute sa puissance divine.

Vivement impressionnées, les nymphes la saluent, les femmes de Lydie s'inclinent avec respect devant elle. Seule Arachné n'est pas émue ; à peine rougit-elle, mais sa rougeur subite s'évanouit très vite sur son visage, comme le ciel qui se teinte de pourpre au lever du jour et qui blanchit dès les premiers rayons du soleil. Poussée par une folle ambition, la brodeuse persiste dans son entreprise : elle ne sait pas qu'elle court à sa ruine. La fille de Jupiter accepte le défi : finis les conseils ! place à la compétition !

Aussitôt Arachné et Minerve prennent place l'une en face de l'autre. Elles dressent leur métier à tisser, tendent la chaîne de leur toile qu'elles fixent au cadre. Un roseau sépare les fils ; entre les fils glisse la trame qui se déroule sous leurs doigts agiles conduite par la navette effilée ; puis les dents du peigne viennent resserrer les fils de trame dans les fils de chaîne. Les deux rivales se hâtent : elles ont roulé les pans de leur robe dans leur ceinture, elles guident leurs bras et leurs mains avec autant de rapidité que de précision ; le désir de vaincre leur fait oublier la fatigue du travail. Pour leurs riches tissus, elles emploient la pourpre venue de Tyr[1]. Elles varient et mélangent les teintes

1. Cette ville, aujourd'hui au Liban, était célèbre pour sa production de pourpre tirée d'un coquillage (le murex) qui donnait une teinture rouge violacé. Cette couleur était associée au pouvoir car c'était celle des manteaux royaux et impériaux.

avec tant de délicatesse que personne ne pourrait les distinguer à l'œil nu : sous leurs doigts, les nuances des couleurs brillent et se fondent exactement comme brillent et se fondent les couleurs de l'arc-en-ciel sous les rayons du soleil dans un ciel orageux. Elles mêlent aussi de longs fils d'or à la laine et de grands tableaux se dessinent sur leur tissu.

Chacune représente des exploits des dieux et des héros qui se sont passés dans des temps fort anciens. Sur sa toile, Minerve fait apparaître les douze grands dieux assis sur des trônes élevés au sommet du mont Olympe ; ils brillent de tout l'éclat de leur majesté : Jupiter auréolé de sa toute-puissance de maître du monde, Neptune, le trident à la main... La déesse se représente elle-même, armée de sa lance et de son bouclier, le casque sur la tête, la redoutable égide[1] sur la poitrine. Elle dessine encore bien d'autres scènes où elle se met en valeur, puis borde sa pièce de fins rameaux d'olivier entrelacés, symbole de paix : ainsi termine-t-elle son ouvrage par cet hommage à l'arbre qui lui est consacré.

De son côté, Arachné représente sur sa toile Europe enlevée par Jupiter[2]. On croirait voir un taureau vivant, une vraie mer. La fille du roi Agénor semble regarder le rivage qui fuit ; elle semble appeler ses compagnes, elle relève ses jolis petits pieds blancs car elle a peur des vagues qui bouillonnent autour d'elle. Arachné se délecte à faire apparaître les amours des

1. Voir p. 102.
2. Voir p. 69.

dieux : Jupiter, Neptune, Apollon, et bien d'autres encore, qui se sont métamorphosés pour séduire d'innocentes nymphes ou de pauvres mortelles. Aigle, cygne, serpent, berger, lion, cheval, épervier, pluie d'or, grappe de raisin ! tout est bon pour abuser de la crédulité des femmes[1] ! Pour achever sa toile, Arachné l'orne d'une riche bordure où serpentent en festons légers des tiges de lierre entrelacées de fleurs. Son ouvrage est si beau que même Minerve ne pourrait y apporter aucune retouche.

La fille de Jupiter, furieuse du succès de sa rivale, déchire l'étoffe où sont si bien brodées les fautes des dieux. Elle tient encore sa navette à la main : trois ou quatre fois elle en frappe le front d'Arachné. La malheureuse fille d'Idmon ne peut supporter cet affront : désespérée, elle se noue un lacet autour de la gorge et veut s'étrangler. Elle s'était déjà pendue quand Minerve, prise de pitié, décide d'adoucir son destin :

— Vis donc, lui dit-elle, misérable ! vis, mais reste suspendue ! Et ne compte pas sur l'avenir : je veux que le même châtiment frappe toute ta descendance, y compris jusqu'à tes plus lointains représentants !

À ces mots, Minerve s'en va, mais, avant de disparaître, elle a aspergé Arachné d'un liquide verdâtre et visqueux : c'est un poison tiré d'un mélange d'herbes

---

1. Arachné offre un véritable festival de métamorphoses (Ovide les nomme avec une précision érudite), plus ou moins célèbres, où Jupiter tient la vedette. Il est ainsi évident que, d'un côté, Minerve exalte la puissance des immortels tandis que, de l'autre, Arachné dévoile leur perfidie.

vénéneuses choisies par la magicienne Hécate[1]. Aussitôt, sous l'effet de ce poison redoutable, les cheveux de l'orgueilleuse brodeuse tombent, et avec eux son nez et ses oreilles. Sa tête devient toute petite, son corps tout entier rapetisse. De maigres doigts, à la place de jambes, s'attachent à ses flancs ; tout le reste n'est plus qu'un ventre, mais elle en tire encore du fil. C'est désormais une araignée[2] : elle exerce toujours son talent et continue à tisser sa toile.

1. Hécate est une divinité lunaire redoutée, souvent représentée avec une triple tête, spécialiste en poisons et philtres magiques.

2. Les araignées appartiennent à l'espèce des arachnides.

# Les vengeances de Latone

## Les enfants de Niobé

« Ultima restabat, quam toto corpore mater,
tota veste tegens : “Unam minimamque relinque !
de multis minimam posco, clamavit, et unam !”
Dumque rogat, pro qua rogat, occidit. Orba resedit
exanimes inter natos natasque virumque
deriguitque malis ; nullos movet aura capillos,
in vultu color est sine sanguine, lumina maestis
stant immota genis, nihil est in imagine vivum. »

Livre VI, vers 298 - 305

« Il restait une dernière fille ; sa mère la couvre de tout son corps, de tous ses vêtements, et s’écrie : “Une seule, laisse-m’en une ! laisse-moi la plus petite ! je ne te demande que la plus petite de toutes, rien qu’une !” Mais tandis qu’elle supplie Latone, l’enfant pour qui elle supplie est déjà morte. Niobé a perdu toute sa famille : ses fils, ses filles et son époux. Elle s’assied au milieu des corps inanimés ; elle reste figée, raidie par

> la souffrance. Le vent n'agite plus ses longs cheveux, le sang ne colore plus son visage, ses yeux deviennent fixes, son visage est ravagé par la douleur : il n'y a plus rien de vivant en elle. »

Avant son mariage, Niobé avait connu la malheureuse Arachné, à l'époque où la jeune brodeuse était partout célèbre[1]. Elles habitaient le même pays, la Lydie, mais Niobé n'avait retiré aucune leçon du terrible châtiment infligé par Minerve à sa compatriote : elle considérait que c'était la punition d'une vulgaire fille du peuple et n'avait pas compris qu'il ne faut pas se vanter devant les dieux ni tenir des discours insolents. Or Niobé était particulièrement vaniteuse, car tout contribuait à sa vanité : noble naissance, beau mariage, grand royaume ; son époux était le roi de Thèbes en Béotie. Mais, quels que fussent les avantages dont elle tirait gloire, rien ne la rendait plus fière que ses enfants et Niobé aurait pu être la plus heureuse des mères, si elle n'avait été elle-même trop convaincue de ce bonheur.

Un jour, la fille du devin Tirésias, Manto, qui tenait de son père le don de prédire l'avenir, se met à crier comme une folle en courant dans les rues de Thèbes :

— Mes amies, vous les femmes et les filles de notre royaume, précipitez-vous en masse pour apporter à la divine Latone et à ses deux enfants[2] l'offrande de vos

---

1. Voir p. 113.
2. Latone, fille du Titan Céus, a eu des jumeaux d'une union avec Jupiter : Diane et Apollon.

prières ! mettez des couronnes de laurier sur vos têtes ! faites fumer l'encens sur leurs autels ! C'est Latone elle-même qui vous le commande par ma bouche !

À ces mots, toutes les Thébaines obéissent. Elles couronnent leur tête du feuillage prescrit ; l'encens fume sur les autels, et les prières montent avec lui vers le ciel.

Cependant Niobé s'avance, entourée d'un nombreux cortège. On la reconnaît à sa magnifique robe de pourpre brochée d'or à la mode phrygienne. Belle, malgré sa colère, elle secoue majestueusement sa tête et ses magnifiques cheveux qui ondoient sur ses épaules. Elle s'arrête et, d'un air hautain, promène son regard sur la foule :

— Quelle est cette folie ? s'écrie-t-elle. Pourquoi préférez-vous les dieux dont vous entendez parler aux dieux que vous voyez ? Pourquoi Latone a-t-elle des autels, tandis que moi j'en attends encore ? Moi ! la fille du roi Tantale[1], qui seul de tous les mortels a été admis à la table des dieux ! moi la petite-fille du grand Atlas qui porte sur ses épaules toute la voûte du ciel ! Jupiter est mon grand-père, mais aussi mon beau-père[2] ! Je suis la reine de ce pays et je possède d'immenses richesses qui s'entassent dans mes palais. J'ai la beauté et le port altier d'une déesse. Ajoutez à tant de gloire sept filles et sept fils, qui me donneront

1. Voir p. 150.

2. Tantale est fils de Jupiter, de même qu'Amphion, le mari de Niobé.

bientôt autant de belles-filles et de gendres, et demandez ensuite d'où peut naître mon orgueil ! Vous osez me préférer la fille de je ne sais quel Titan, une certaine Latone, qui a eu toutes les peines du monde à accoucher parce que Junon était furieuse contre elle ! Votre divinité, personne ne voulait la recevoir ni dans le ciel, ni sur la terre, ni sur la mer. Il a fallu que ce soit la minuscule île de Délos qui finisse par accepter cette exilée, cette vagabonde misérable. Oui, c'est là qu'elle a mis au monde deux enfants. Et alors ? ce n'est que la septième partie de ce que mon ventre fécond a porté ! Je suis heureuse : qui pourrait le nier ? heureuse, je le resterai : qui oserait en douter ? Ce sont toutes mes richesses qui assurent mon bonheur. Je suis bien au-dessus des revers de la fortune et je n'ai rien à craindre. À supposer que je perde quelques-uns de mes enfants, il m'en restera toujours plus que n'en possède Latone ! Allez donc ! enlevez ces couronnes de vos têtes et cessez vos vaines dévotions !

Les Thébaines obéissent, elles interrompent leurs cérémonies, mais elles continuent de murmurer leurs prières à voix basse.

Cependant, Latone est indignée. Elle convoque ses enfants et leur tient ce discours :

— On m'insulte, moi votre mère ! moi qui suis si fière de votre naissance ! de toutes les déesses, je ne reconnais que l'autorité de Junon et maintenant je devrais accepter qu'une mortelle mette en doute ma divinité ! Non ! mes chers enfants, vous ne me laisserez pas mettre à l'écart des autels où, depuis tant de siècles, on m'adresse des prières ! Mais ce n'est pas tout ! Niobé, la fille de Tantale, a l'audace d'ajouter l'insulte à son impiété. Elle ose vous rabaisser au-dessous de ses enfants, elle ose se comparer à moi pour mieux me mépriser ! Je suis à peine mère, dit-elle ! Ah ! elle est aussi sacrilège que l'était son père !

Latone allait continuer quand son fils l'interrompt :

— Assez ! s'écrie Apollon. Une plus longue plainte retarderait la vengeance !

— Assez ! s'exclame aussi Diane.

Aussitôt, l'un et l'autre, cachés dans un nuage, s'élancent dans le ciel et, d'un vol rapide, descendent vers la ville de Thèbes.

Près des remparts, s'étendait une plaine immense où les chevaux et les chars venaient souvent s'exercer. C'est là que s'étaient rendus les sept fils de Niobé, vêtus de pourpre et d'or, montés sur de magnifiques coursiers. Tandis qu'Ismène, l'aîné, le premier qui donna à la reine l'orgueil d'être mère, fait tourner son cheval en cercle, il jette un cri soudain :

— À moi ! à l'aide !

Une flèche vient de le frapper en pleine poitrine et a transpercé son cœur. Sa main lâche les rênes ; il glisse lentement sur l'épaule droite de sa monture ; il tombe à terre, mort. Près de lui, son frère Sipyle, qui a entendu siffler la flèche, tire la bride de son coursier pour le mettre au galop. Mais le trait inévitable le rattrape dans sa fuite : une nouvelle flèche a transpercé sa gorge en vibrant et la pointe ressort par sa bouche sanglante. Penché en avant, il roule sur l'encolure de son cheval lancé à toute vitesse, et tombe, mort. Plus loin, après avoir terminé leur course, Phédime et Tantale, qui porte le nom de son grand-père, s'exerçaient à la lutte. Étroitement enlacés, ils étaient en train de lutter corps à corps, quand une seule et même flèche les transperce tous les deux. En même temps ils gémissent, ensemble ils tombent, morts. Leurs corps restent entrelacés dans la poussière. Le malheureux Alphénor, qui les a vus mourir, se frappe la poitrine de douleur ; il accourt, il veut emporter leurs corps glacés pour leur rendre les honneurs funèbres. Une flèche le frappe tandis qu'il est en train d'accomplir ce pieux devoir de frère. Une nouvelle flèche lancée par Apollon lui a transpercé le cœur de part en part. Le jeune homme essaie de l'arracher, mais un morceau de ses poumons vient avec la pointe. Le sang gicle ; Alphénor tombe, mort. C'est au tour de Damasichthon : le garçon aux longs cheveux n'est pas atteint d'une seule blessure. Une flèche le frappe d'abord à l'articulation du genou : tandis qu'il s'efforce de l'arracher, un nouveau trait l'atteint à la gorge et s'y enfonce jusqu'aux plumes. Le sang jaillit comme un jet qui fait sortir la flèche. Damasichthon tombe, mort. Le dernier de tous, le petit Ilionée, lève vainement ses bras vers le ciel pour adresser d'inutiles prières :

— Pardon, grands dieux, vous tous tant que vous êtes ! s'écrie-t-il, car il ignorait qu'il ne fallait pas les implorer tous. Épargnez-moi !

Apollon est ému : trop tard ! sa flèche meurtrière est déjà partie. Suprême consolation : elle frappe à peine le cœur de ce pauvre enfant, mais le coup est fatal. Sans souffrir, Ilionée tombe, mort.

Bientôt la rumeur, les cris du peuple et le deuil de toute la cour annoncent à Niobé le meurtre si soudain de ses fils. Stupéfaite, accablée, elle s'indigne que les dieux aient pu avoir tant d'audace et tant de pouvoir. Quant à son époux Amphion, il se plonge un poignard dans le cœur pour mettre un terme en même temps à sa vie et à sa douleur. Hélas ! combien Niobé était différente maintenant de cette reine orgueilleuse qui éloignait le peuple des autels de Latone ! Niobé qui se prenait pour une déesse quand elle traversait les rues de Thèbes ! Elle qui était enviée par tous les flatteurs qui formaient son cortège, elle pourrait à présent faire pitié même à ses ennemis ! À genoux dans la poussière, elle embrasse un par un les corps glacés de ses enfants, elle leur donne ses derniers baisers. Puis elle lève vers le ciel ses bras décolorés :

— Jouis de ma douleur, s'écrie-t-elle, cruelle Latone ! Réjouis-toi ! Rassasie ton cœur barbare de mes larmes et du sang de mes fils. Je souffre, et tu triomphes, implacable ennemie. Tu triomphes ? Mais où est donc ta victoire ? mon malheur est extrême, mais je reste plus riche que toi ! même après tant de morts, je l'emporte encore sur toi !

À peine a-t-elle poussé ces cris que, déjà, on entend résonner dans l'air le bruit d'une corde tendue sur un arc. Tous les Thébains sont affolés ; Niobé est la seule qui ne tremble pas : le malheur a accru son audace.

Vêtues de noir, les cheveux épars sur leurs épaules, ses sept filles se tenaient debout autour des lits funèbres de leurs malheureux frères. Soudain, on voit l'une d'elles essayer d'arracher la flèche qui s'est plantée dans son ventre : elle s'affaisse sur le corps de l'un de ses frères, puis tombe, morte. Une autre, qui s'efforçait de consoler sa mère éplorée, perd soudain la parole, frappée par une main invisible. Pliée en deux, la bouche ouverte, elle tombe, morte. La suivante s'effondre en fuyant ; une autre succombe sur le corps de sa sœur ; une autre en vain se cache ; une autre tremble de la tête aux pieds mais ne peut éviter le coup fatal préparé par Diane[1].

Il restait une dernière fille ; sa mère la couvre de tout son corps, de tous ses vêtements, et s'écrie :

— Une seule, laisse-m'en une ! laisse-moi la plus petite ! je ne te demande que la plus petite de toutes, rien qu'une !

Mais tandis qu'elle supplie Latone, l'enfant pour qui elle supplie est déjà morte. Niobé a perdu toute sa famille : ses fils, ses filles et son époux. Elle s'assied au milieu des corps inanimés ; elle reste figée, raidie par la souffrance. Le vent n'agite plus ses longs cheveux, le sang ne colore plus son visage, ses yeux deviennent fixes, son visage est ravagé par la douleur : il n'y a plus rien de vivant en elle. Sa langue même se glace dans sa bouche durcie. Tout mouvement s'arrête dans ses veines. Son cou n'est plus flexible,

1. Apollon s'est chargé de tuer les sept fils de Niobé et Diane ses sept filles. Ovide raconte avec force détails le massacre des fils, qu'il nomme un par un, mais passe très rapidement sur celui des filles, sans préciser leurs noms.

ses bras ne peuvent plus bouger, ses pieds ne peuvent plus avancer. Dans son ventre, ses entrailles sont de pierre. Niobé est devenue rocher. Elle pleure pourtant ; un tourbillon de vent l'enveloppe et l'emporte jusque dans sa patrie, en Lydie. Là-bas, placée sur le sommet du mont Sipyle, dans le pays où avait régné son père Tantale, elle continue à pleurer et aujourd'hui encore ce bloc de marbre verse des larmes.

## Les paysans de Lycie

« Saepe super ripam stagni considere, saepe
in gelidos resilire lacus, sed nunc quoque turpes
litibus exercent linguas pulsoque pudore,
quamvis sint sub aqua, sub aqua maledicere temptant.
Vox quoque iam rauca est, inflataque colla tumescunt,
ipsaque dilatant patulos convicia rictus ;
terga caput tangunt, colla intercepta videntur ;
spina viret, venter, pars maxima corporis, albet,
limosoque novae saliunt in gurgite ranae. »

Livre VI, vers 373 - 381

« Souvent ils se posent sur la rive de l'étang, souvent ils sautent pour rentrer d'un bond dans leur froide demeure aquatique. Sans même avoir honte de leur châtiment, ils exercent encore leur vilaine langue pour continuer à parler grossièrement. Même sous l'eau, on entend leurs cris qui insultent Latone. Mais déjà leur voix est devenue rauque, ils soufflent et leur gorge se gonfle sous l'effort, leur bouche béante se distend en proférant des injures ; leur tête rejoint leurs épaules et leur cou disparaît ; leur dos verdit ; leur ventre, qui constitue désormais la plus grande partie de leur corps, blanchit ; ils bondissent dans la boue du marais. Ce sont des grenouilles ! »

Après le terrible châtiment de Niobé, tous les mortels apprirent à redouter le courroux de la divine Latone. Avec un zèle nouveau, hommes et femmes rendirent hommage à la mère de Diane et d'Apollon : on entretenait désormais son culte sans la moindre mauvaise humeur ! Et comme il arrive souvent qu'un événement récent en rappelle de plus anciens, un vieillard thébain raconta un jour cette histoire :

— Il y a bien longtemps, loin d'ici, dans la fertile province de Lycie[1], des paysans ont aussi osé mépriser la grande Latone. Ce ne fut pas impunément, croyez-moi ! C'est une histoire peu connue, parce qu'elle concerne de vulgaires hommes du peuple, sans noblesse ni gloire, mais elle est cependant tout à fait prodigieuse ! et j'ai moi-même vu l'endroit, oui j'ai vu, de mes yeux vu, l'étang que l'événement a rendu célèbre. À l'époque, comme mon père était âgé et ne pouvait pas supporter la fatigue d'un long voyage, il m'avait chargé de lui ramener des bœufs de Lycie, et il m'avait donné pour guide un homme du pays. Tandis que je parcourais les riches pâturages lyciens, j'aperçois au milieu d'un lac un très vieil autel, noirci par la fumée des sacrifices et environné de roseaux

1. Comme la Lydie, la Lycie est un territoire d'Asie mineure (aujourd'hui au sud de la Turquie).

qu'agitait un vent léger. Mon guide s'arrête, et d'une voix toute tremblante de crainte, il se met à murmurer : « Sois-moi favorable ! » Impressionné, je répète après lui : « Sois-moi favorable ! » puis je lui demande si cet autel est consacré aux naïades, aux faunes[1], ou bien à quelque divinité locale. Mon homme me répond :

— Jeune étranger, ce n'est pas un dieu champêtre qu'on honore sur cet autel. Il appartient à cette déesse que Junon a exilée de l'univers et qui a obtenu avec tant de peine un refuge sur l'île de Délos[2]. C'est là-bas, tu le sais sans doute, que la divine Latone a donné le jour à des jumeaux, malgré la colère de la jalouse Junon. Mais peu de temps après, pour échapper aux persécutions de sa rivale, elle a été obligée de fuir, en emportant dans ses bras ses bébés, Diane et Apollon, le double fruit de son amour avec Jupiter. Elle arrive alors en Lycie.

Or voici qu'un jour où le soleil était particulièrement brûlant, la déesse, épuisée par la fatigue d'un long voyage, ressent le besoin pressant de boire ; ses enfants qu'elle nourrissait avaient tari le lait de ses mamelles. Elle découvre enfin, dans le creux d'une vallée, un petit étang avec une source d'eau pure. Sur ses rives, des paysans étaient en train de couper de l'osier et du jonc. Latone s'approche, elle s'agenouille au bord de l'eau et s'apprête à se désaltérer. C'est alors que cette bande d'hommes rustres, mal élevés

1. Voir p. 19.
2. Voir p. 124.

et grossiers, se précipitent pour l'en empêcher : "Pourquoi, dit la déesse, m'interdire de boire ? l'eau appartient à tout le monde ! Dans la nature, l'air, la lumière, et l'eau ne sont pas la propriété d'un seul, que je sache ! Je viens ici profiter d'un bien commun à tous. Et pourtant, je suis prête à vous le demander comme un bienfait, en vous suppliant. Je n'ai pas l'intention de me baigner dans cet étang, bien que je sois très fatiguée ; je veux seulement apaiser ma soif. Ma bouche est desséchée, je peux à peine parler ! Une gorgée d'eau sera pour moi le plus précieux des nectars. Laissez-moi boire et je reconnaîtrai que je vous dois la vie. Oui ! c'est bien la vie que vous me redonnerez avec cette eau. Ah ! laissez-vous au moins toucher par ces deux enfants que je tiens dans mes bras : ils n'ont plus de lait ; regardez comme ils vous tendent leurs petits bras !" Quel cœur était assez barbare pour rester insensible à ces douces prières ? Mais ces paysans refusent de l'écouter, et, sans la moindre émotion, ils repoussent Latone. Bientôt, ils ajoutent les menaces aux insultes : ils lui ordonnent de se retirer sur-le-champ. Ce n'est pas assez ! avec leurs mains, avec leurs pieds, ils font exprès de troubler l'eau de l'étang. Par pure méchanceté, ils sautent et ressautent partout pour faire remonter la vase.

Cependant, la colère a fait oublier sa soif à la déesse ; sans s'abaisser davantage à des prières humiliantes, elle lève ses mains vers le ciel et s'écrie : "Eh bien ! vivez donc éternellement dans la boue de votre marécage !" Déjà son souhait est exaucé. Les paysans plongent dans l'eau. Désormais, c'est leur élément :

tantôt ils disparaissent tout au fond, tantôt ils montrent la tête, parfois ils nagent à la surface. Souvent ils se posent sur la rive de l'étang, souvent ils sautent pour rentrer d'un bond dans leur froide demeure aquatique. Sans même avoir honte de leur châtiment, ils exercent encore leur vilaine langue pour continuer à parler grossièrement. Même sous l'eau, on entend leurs cris qui insultent Latone. Mais déjà leur voix est devenue rauque, ils soufflent et leur gorge se gonfle sous l'effort, leur bouche béante se distend en proférant des injures ; leur tête rejoint leurs épaules et leur cou disparaît ; leur dos verdit ; leur ventre, qui constitue désormais la plus grande partie de leur corps, blanchit ; ils bondissent dans la boue du marais. Ce sont des grenouilles !

« Voilà ce que j'ai appris sur les bords mêmes de cet étang où coassaient les grenouilles. Prodigieux, n'est-ce pas ? » conclut le vieux Thébain, satisfait de la surprise qu'il lisait dans les yeux de son auditoire.

# La chute d'Icare

« Cum puer audaci coepit gaudere volatu
deseruitque ducem caelique cupidine tractus
altius egit iter : rapidi vicinia solis
mollit odoratas, pennarum vincula, ceras.
Tabuerant cerae : nudos quatit ille lacertos,
remigioque carens non ullas percipit auras,
oraque caerulea patrium clamantia nomen
excipiuntur aqua, quae nomen traxit ab illo. »

Livre VIII, vers 223 - 230

« Mais voilà que le jeune Icare, enivré par le plaisir de voler, oublie toute prudence. Il veut monter toujours plus haut, abandonne son guide, et se dirige vers les zones les plus élevées de la voûte céleste. Cependant, la proximité du soleil ramollit la cire qui attache ses ailes. Trop tard ! la cire est fondue ! Icare agite ses bras nus : privé des ailes qui le soutenaient, il n'a plus de prise dans l'air. Il crie, il appelle son père, et tombe dans les flots couleur d'azur. Depuis la mer qui l'a englouti porte son nom. »

Dédale était le plus grand sculpteur et architecte de son temps. À Athènes, où il était né, on racontait qu'il avait été le premier à tailler la figure des dieux dans la pierre : il avait fabriqué des statues si finement ciselées qu'elles paraissaient vivantes. On disait aussi qu'il avait inventé plusieurs outils : la scie, la vrille, le compas, le fil à plomb, et même la colle. Sa réputation était si grande que le roi Minos l'avait fait venir en Crète. À sa demande, Dédale avait construit un immense palais aux passages et couloirs innombrables : le labyrinthe. Minos voulait en effet y enfermer le Minotaure, le monstre mi-homme mi-taureau que la reine Pasiphaé avait mis au monde. Le temps avait passé : venu d'Athènes, l'intrépide Thésée avait réussi à tuer le Minotaure avec l'aide de la princesse Ariane, la fille de Minos. Elle lui avait donné une pelote de fil à dérouler pour sortir du labyrinthe et le héros victorieux s'était embarqué pour rentrer dans son pays.

Cependant, Dédale vivait toujours en Crète : le roi ne voulait pas le laisser partir et l'exil lui paraissait bien long ; il sentait grandir en lui le désir si doux de revoir sa patrie. Mais l'île semblait le retenir prisonnier. En effet, comment franchir l'obstacle de la mer ? « Minos, se disait-il, peut bien me fermer le passage, sur la terre et sur l'eau, la route de l'air est libre, et c'est par là que j'irai ! Même si le roi est le fils du maître du monde[1], le ciel au moins n'est pas sous son autorité ! »

---

1. Minos est le fils de Jupiter et d'Europe (voir p. 71).

Dédale se met alors au travail sans relâche : son génie s'applique à inventer un art inconnu, car il veut vaincre les lois de la nature par un prodige nouveau. Il prend des plumes qu'il assortit soigneusement : il les place l'une à côté de l'autre selon leur longueur, en commençant par la plus petite. Pour que l'ensemble forme un dégradé harmonieux, il alterne ensuite les courtes et les longues. Puis il les attache au milieu avec un long fil de lin et à l'extrémité avec de la cire : il a fabriqué des ailes. Il leur imprime une légère courbure pour mieux imiter le plumage des oiseaux.

Dédale a un fils, Icare, qui joue auprès de lui : tantôt il court en riant pour attraper le duvet que fait voler la brise, tantôt il s'amuse à faire fondre la cire entre ses doigts. Le petit garçon retarde le merveilleux travail de son père : le malheureux ! il ne savait pas qu'il était en train de manier les instruments de sa perte ! Dès que Dédale a achevé son ouvrage, il fixe deux ailes sur son propre dos, les agite en prenant bien soin d'équilibrer son corps et se met à voler dans les airs. Il procède ensuite à la même opération avec son fils, tout en veillant à lui donner les instructions indispensables :

— Icare, je t'en prie, lui dit-il, tiens-toi toujours à mi-hauteur dans le ciel ! Si tu descends trop bas, tu frôleras la mer et les embruns alourdiront dangereusement tes ailes ; si tu montes trop haut, le soleil fera fondre la cire qui les tient fixées sur tes épaules. Vole entre les deux ! Fais comme moi et suis la route que je vais prendre !

Pendant qu'il attache les ailes sur le dos d'Icare et

qu'il lui donne ses derniers conseils, le vieux Dédale ne peut pas s'empêcher de pleurer : ses mains tremblent. Il embrasse son fils. Hélas ! il ne sait pas que c'est pour la dernière fois ! Bientôt il s'élève dans les airs ; inquiet, il vole devant son enfant, comme l'oiseau qui fait sortir sa couvée de son nid et dirige son premier essor. Dédale encourage Icare ; il lui montre comment se servir de ses ailes, il n'arrête pas de se retourner vers lui pour le regarder voler. Un pêcheur qui était en train d'installer ses lignes sur le rivage, un berger appuyé sur son bâton en haut d'une colline, un laboureur qui conduisait sa charrue dans son champ les voit passer au-dessus de leur tête : ils sont stupéfaits. Saisis d'admiration, ils prennent ces hommes capables de voler pour des dieux.

Déjà Dédale et son fils avaient dépassé Délos et Paros, ils avaient laissé Samos sur leur gauche ; sur leur droite s'étendaient Lébynthos et Calymné[1]. Mais voilà que le jeune Icare, enivré par le plaisir de voler, oublie toute prudence. Il veut monter toujours plus haut, abandonne son guide, et se dirige vers les zones les plus élevées de la voûte céleste. Cependant, la proximité du soleil ramollit la cire qui attache ses ailes. Trop tard ! la cire est fondue ! Icare agite ses bras nus : privé des ailes qui le soutenaient, il n'a plus de prise dans l'air. Il crie, il appelle son père, et tombe dans les flots couleur d'azur. Depuis la mer qui l'a englouti porte son nom[2].

---

1. Ce sont des îles de la mer Égée, au nord de la Crète.
2. Icare est tombé dans la partie orientale de la mer Égée,

Cependant son père – le malheureux qui n'était déjà plus père – continue de voler en criant :

— Icare ! Icare ! où es-tu ? où dois-je te chercher ?

Il criait encore quand il aperçoit des plumes qui flottent sur l'eau. Alors Dédale maudit cet art qui a fait sa gloire et qui a tué son fils ; il recueille son corps et lui dresse un tombeau sur le rivage. La terre où Icare est enseveli reçoit aussi son nom.

---

non loin de Samos, sur une île depuis nommée Icaria, comme la partie de la mer Méditerranée qui la sépare du continent asiatique (la mer Icarienne).

# Philémon et Baucis

« Ante gradus sacros cum starent forte locique
narrarent casus, frondere Philemona Baucis,
Baucida conspexit senior frondere Philemon.
Iamque super geminos crescente cacumine vultus
mutua, dum licuit, reddebant dicta : “Valeque
o coniux” dixere simul, simul abdita texit
ora frutex : ostendit adhuc Tyaneius illic
incola de gemino vicinos corpore truncos. »

Livre VIII, vers 713 - 720

« Puis, un jour que, courbés sous le poids des ans, ils étaient assis sur les marches du temple et racontaient aux visiteurs les prodiges dont ils avaient été les témoins, Baucis voit Philémon se couvrir de feuilles et le vieux Philémon voit des feuilles recouvrir Baucis. Tandis que l'écorce s'étend et gagne les deux visages pour former une cime sur leur tête, ils continuent de se parler :

— Adieu, cher époux !

— Adieu, chère épouse ! disent-ils en même temps et

en même temps leurs bouches disparaissent sous le bois qui les enveloppe.
Aujourd'hui encore les habitants de la région montrent aux voyageurs les deux troncs voisins qui sont nés de leurs corps. »

La puissance des dieux est immense, sans limites ; il leur suffit d'exprimer leur volonté pour qu'elle soit aussitôt accomplie. Bien des histoires en sont la preuve, comme celle de Philémon et Baucis.

Le voyageur qui visite la Phrygie[1] peut voir, sur une colline, un tilleul à côté d'un vieux chêne, dans un enclos fermé par un petit mur. Non loin de là il y a un vaste étang, qui fut jadis une terre peuplée de nombreux habitants : on n'y trouve plus aujourd'hui que des oiseaux des marais. Or, dans un temps fort ancien, Jupiter décida de se rendre dans cet endroit en compagnie de Mercure.

Le maître des dieux a revêtu l'apparence d'un simple mortel et son fils n'a pas pris les ailes qu'il porte d'habitude à ses pieds. Ils vont de maison en maison, frappent à des centaines de portes pour demander l'hospitalité ; et partout des centaines de portes, à peine entrouvertes, se ferment devant eux. Une seule maison s'ouvre pour les recevoir. C'était une petite cabane, couverte de chaumes et de roseaux. Dans cet humble logis, une vieille femme très pieuse, Baucis, et son mari Philémon, qui avait le même âge qu'elle,

1. Province d'Asie mineure (aujourd'hui une région au nord-ouest de la Turquie).

vivaient paisiblement, toujours unis depuis leur jeunesse. C'est là qu'ils vieillissaient ensemble, partageant leur tendresse, supportant la pauvreté sans se plaindre. Ni maîtres ni serviteurs dans cette cabane : inutile de chercher ! Les deux époux sont seuls et chacun donne ou exécute les ordres à égalité dans le ménage.

Jupiter et Mercure baissent la tête pour entrer dans la chaumière : dès qu'ils ont franchi le seuil, le vieillard les invite à s'asseoir sur un banc rustique et Baucis s'empresse de le recouvrir d'une étoffe grossière. Puis la vieille femme écarte les cendres encore tièdes du foyer ; elle ranime les charbons qui rougeoient ; elle nourrit le feu d'écorces et de feuilles sèches ; elle souffle avec peine pour faire monter les flammes, rassemble des sarments, arrache des branches du toit, les brise en menus morceaux qu'elle dispose sous un petit chaudron de bronze. Ensuite elle épluche des légumes que son époux avait cueillis dans leur petit jardin, elle saisit une petite fourche à deux dents pour attraper un morceau de lard fumé qu'elle conservait depuis longtemps, pendu à une poutre noircie du plafond ; enfin, elle en coupe une tranche mince et, pour la rendre plus tendre, elle la plonge dans l'eau qu'elle a mise à bouillir.

Mais cuisiner n'est pas tout : Philémon et Baucis s'efforcent aussi de distraire leurs hôtes en leur racontant des histoires pour les faire patienter jusqu'au repas. Ils remplissent un bassin d'eau tiède pour que les deux voyageurs puissent y laver leurs pieds. Ils secouent le vieux matelas posé sur leur lit dont le cadre et les pieds étaient en bois de saule. Ils le recouvrent d'un tapis dont ils ne se servaient que pour les jours de fête : taillé dans un tissu grossier, il est tout usé. Les dieux s'étendent sur cette modeste couche. Baucis a retroussé sa robe pour travailler : de ses mains tremblantes, elle dresse la vieille table bancale qui chancelle sur ses trois pieds inégaux ; elle la cale avec un morceau de vase cassé, puis elle l'essuie avec des feuilles de menthe pour la parfumer. Elle sert alors des olives vertes et noires dans des plats d'argile, des fruits confits dans du vin, des salades variées, des mottes de fromage frais, des œufs cuits sous la cendre tiède. Elle apporte un grand cratère de terre cuite pour la boisson avec des coupes taillées dans du bois de hêtre, dont l'intérieur est enduit d'une cire jaune dorée.

Bientôt arrivent directement du foyer le potage bouillant et les divers plats chauds. Vient ensuite le second service : des noix, des figues sèches, des dattes toutes ridées, des prunes, des pommes parfumées dans de larges corbeilles, du raisin fraîchement cueilli. Enfin un large rayon d'un miel savoureux couronne le festin[1]. Les dieux sont surtout ravis de l'accueil simple et chaleureux qu'ils reçoivent : les deux époux sont pauvres, certes, mais leur cœur ne l'est pas !

Cependant, Philémon et Baucis s'aperçoivent d'un prodige qui les frappe d'étonnement et de peur : à mesure que le vin coule dans les coupes, le cratère

1. Ovide prend plaisir à décrire tout ce qui peut constituer un repas traditionnel à son époque.

d'où il est tiré se remplit tout seul ! Les mains levées vers le ciel, les deux vieillards affolés se mettent à réciter des prières. Ils supplient leurs hôtes divins d'excuser la pauvreté de ce repas improvisé. Il leur restait une oie, une seule, qui gardait leur cabane : ils veulent la sacrifier pour la servir à leurs invités. Mais l'oiseau domestique s'envole à tire-d'aile et ils s'épuisent longtemps à essayer de l'attraper, d'autant plus que l'âge a rendu leurs pas pesants et leurs mains tremblantes. Enfin l'oie se réfugie aux pieds des dieux eux-mêmes, qui défendent de la tuer :

— Oui ! disent-ils, nous sommes des dieux ; vos voisins recevront le châtiment qu'ils ont mérité pour leur méchanceté et leur impiété. Vous seuls serez épargnés. Quittez cette cabane, suivez-nous tous les deux jusqu'au sommet de la montagne !

Philémon et Baucis obéissent : ils prennent leur bâton et gravissent avec peine la pente escarpée. Ils n'étaient qu'à une portée de flèche du sommet, lorsqu'ils s'arrêtent et se retournent : quel spectacle prodigieux ! Toute la plaine est submergée par l'eau ; seule leur cabane subsiste au milieu d'un vaste marais. Stupéfaits, ils plaignent le sort de leurs voisins, disparus avec leurs maisons, quand leur chaumière, si petite et si pauvre, où ils tenaient à peine à deux, se transforme en temple sous leurs yeux. Les vieux troncs qui la soutiennent sont changés en colonnes ; le chaume qui la couvre jaunit et devient un toit doré ; le sol se transforme en marbre ; la porte est ciselée dans le bronze.

— Sage vieillard, toi qui aimes la justice, et toi, digne

épouse d'un homme juste, leur dit alors avec bonté le maître de l'Olympe, parlez : dites-moi ce que vous souhaitez ?

Philémon discute un moment avec Baucis, puis transmet aux dieux le souhait qu'ils ont fait en commun :

— Permettez-nous d'être vos prêtres et les gardiens de votre temple ! Faites aussi que nos deux vies, depuis si longtemps unies, se terminent ensemble ! Ah ! si seulement je pouvais ne jamais avoir à suivre les funérailles de mon épouse, ni elle les miennes !

Leurs vœux sont aussitôt exaucés. La garde du temple leur est confiée, et, jusqu'à leur dernier souffle de vie, ils en entretiennent les autels. Puis, un jour que, courbés sous le poids des ans, ils étaient assis sur les marches du temple et racontaient aux visiteurs les prodiges dont ils avaient été les témoins, Baucis voit Philémon se couvrir de feuilles et le vieux Philémon voit des feuilles recouvrir Baucis. Tandis que l'écorce s'étend et gagne leur visage pour former une cime sur leur tête, ils continuent de se parler :

— Adieu, cher époux !

— Adieu, chère épouse ! disent-ils en même temps, et en même temps leurs bouches disparaissent sous le bois qui les enveloppe.

Aujourd'hui encore les habitants de la région montrent aux voyageurs les deux troncs voisins qui sont nés de leurs corps.

# Orphée et Eurydice

« Nec procul afuerunt telluris margine summae :
hic, ne deficeret, metuens avidusque videndi
flexit amans oculos, et protinus illa relapsa est,
bracchiaque intendens prendique et prendere certans
nil nisi cedentes infelix arripit auras. »

Livre X, vers 55 - 59

« Ils n'étaient pas loin du but : ils arrivaient à la surface de la terre. Mais Orphée a peur qu'Eurydice lui échappe : impatient de la voir, il se retourne pour regarder celle qu'il aime. Et aussitôt elle est entraînée en arrière. Elle tend les bras, elle voudrait qu'il la retienne, elle voudrait le retenir... mais la malheureuse ne saisit que de l'air sans consistance. »

Enveloppé dans son manteau couleur de safran, Hyménée, le dieu qui protège les mariages, traverse le ciel et s'élance vers le pays des Cicones[1]. Orphée

1. Peuple de Thrace (région du nord de la Grèce).

l'a appelé pour qu'il vienne célébrer son mariage avec la nymphe Eurydice.

Voici que le dieu paraît, mais il ne prononce aucune parole pour apporter les traditionnels vœux de bonheur. Il ne sourit pas. Sa torche se consume en sifflant : elle répand une fumée qui fait pleurer les yeux. Hyménée la secoue sans pouvoir en ranimer la flamme.

Hélas ! ce n'était que le prélude d'un malheur bien plus affreux. Tandis que la nouvelle épouse, accompagnée de la troupe de ses amies les naïades, court dans la prairie fleurie, un serpent mord son pied délicat. Eurydice rend son dernier soupir. Orphée pleure sa disparition ; il est prêt à tout explorer pour retrouver sa femme, même le séjour des morts, devenus ombres légères. Il ose alors descendre vers le Styx par la porte du Ténare[1] ; il entre dans le monde des fantômes dont les vivants honorent le souvenir par des cérémonies funèbres. Il va trouver la reine Perséphone et le souverain de ces demeures désolées, le maître des ombres, le puissant Pluton.

Orphée effleure les cordes de sa lyre qui frémissent et se met à chanter :

— Ô vous, puissantes divinités de ce monde souterrain où retombe après la mort tout ce qui naît et vit sur la terre, permettez-moi de parler sans détours et de dire la vérité. Non, ce n'est pas pour voir les

1. Le Styx est l'un des fleuves mythiques des Enfers dont, selon certaines légendes, l'une des entrées se trouvait au cap Ténare, une pointe rocheuse au sud du Péloponnèse en Grèce.

ténèbres du Tartare, tout au fond des Enfers, que je suis venu jusqu'ici. Non, ce n'est pas non plus pour enchaîner Cerbère, le chien monstrueux avec ses trois têtes hérissées de serpents qui monte la garde à votre porte. Si j'ai entrepris ce voyage, c'est pour ma jeune épouse. Par malheur une vipère a répandu dans ses veines un poison mortel, et ses belles années ont été brisées net par le Destin. J'ai voulu me résigner à mon malheur ; j'ai essayé, je l'avoue, mais l'Amour a triomphé. L'Amour ! c'est un dieu puissant qui pousse tous les êtres à s'unir, les dieux, les hommes, les animaux ; il est bien connu sur la terre et dans le ciel. L'est-il ici aussi ? je l'ignore. Mais même ici, oui, je le crois honoré, car si la légende qui raconte un célèbre enlèvement[1] n'est pas une fable inventée, vous aussi, vous avez été unis par l'Amour. Oh ! je vous en prie, au nom de ces lieux qui inspirent la terreur, au nom de ce chaos immense, de ce vaste et silencieux royaume, mon Eurydice !... de grâce, renouez ses jours trop tôt brisés ! Tous nous vous devons obéissance. Après une courte halte sur terre, un peu plus tôt, un peu plus tard, nous les mortels, nous nous hâtons vers le même séjour... C'est ici que nous parvenons tous... Voici notre dernière demeure, puisque vous imposez au genre humain votre pouvoir pour l'éternité. Eurydice... elle aussi, quand le temps qui passe aura usé sa beauté, elle aussi, elle pourra subir vos lois. Mais maintenant qu'elle vive ! c'est la seule faveur que je

1. L'enlèvement de Perséphone par Pluton a déjà été raconté par Ovide (voir p. 105).

vous demande. Ah ! si les Parques[1] me refusent la grâce de mon épouse, je l'ai juré, je ne veux pas revoir la lumière. Réjouissez-vous : vous aurez alors deux victimes !

Ainsi résonnaient les paroles d'Orphée ; les accords de sa lyre se mêlaient à sa voix et les pâles ombres des morts pleuraient autour de lui. Il chantait... Et voici que s'immobilisent pour l'écouter tous les criminels enfermés dans le Tartare pour y subir des châtiments sans fin : Tantale ne cherche plus à boire l'eau qui sans cesse échappe à ses lèvres ; la roue d'Ixion s'arrête, comme frappée d'étonnement ; les vautours cessent de ronger le foie de Tityos ; les Danaïdes posent leur seau à terre et Sisyphe s'assied sur son rocher[2].

Même les inflexibles Furies, qui traquent les criminels sans répit, se laissent émouvoir : c'est la pre-

---

1. Divinités infernales, représentées comme trois vieilles femmes filant, tissant et coupant le fil de la vie pour chaque mortel.

2. Tantale, qui a donné à manger aux dieux son propre fils Pélops, souffre d'une faim et d'une soif perpétuelles ; Ixion, qui a voulu violer Junon, est attaché sur une roue enflammée qui tourne sans fin ; Tityos, foudroyé pour avoir tenté de violer Latone, mère d'Apollon et de Diane, est harcelé par deux vautours qui dévorent son foie sans cesse renaissant ; les cinquante Danaïdes (filles du roi Danaos), qui ont tué leurs maris, doivent remplir d'eau un tonneau percé qui se vide continuellement ; Sisyphe, qui a osé enchaîner la Mort, pousse sans répit un énorme rocher le long d'une pente et ne peut l'empêcher de retomber dès qu'il arrive au sommet.

mière fois, dit-on, que des larmes viennent mouiller les joues de ces trois monstres ailés, aux cheveux hérissés de serpents. Vaincues par la mélodie du chant d'Orphée, elles cessent de brandir leurs torches et leurs fouets. Ni la souveraine des morts, ni le roi des Enfers ne peuvent résister à une telle prière. Ils appellent Eurydice. La jeune épouse attendait, pauvre fantôme perdu au milieu des ombres de ceux qui venaient de mourir. D'un pas ralenti par sa blessure, elle s'avance. Enfin, Orphée l'a retrouvée ! il va pouvoir la ramener sur terre, mais c'est à une condition, fixée par Perséphone elle-même : il marchera le premier, et, tant qu'il sera aux Enfers, il ne devra pas se retourner. Il n'aura le droit de tourner les yeux derrière lui pour regarder sa femme qu'à la sortie de l'Averne[1], sinon la grâce lui sera aussitôt retirée.

Au milieu d'un sinistre silence, les époux cheminent. Ils suivent un sentier raide, escarpé, ténébreux, noyé dans un épais brouillard. Ils n'étaient pas loin du but : ils arrivaient à la surface de la terre. Mais Orphée a peur qu'Eurydice lui échappe : impatient de la voir, il se retourne pour regarder celle qu'il aime. Et aussitôt elle est entraînée en arrière. Elle tend les bras, elle voudrait qu'il la retienne, elle voudrait le retenir... mais la malheureuse ne saisit que de l'air sans consistance. Trop tard ! elle meurt pour la seconde fois... Pourtant, elle ne fait aucun reproche

1. L'Averne, un lac de cratère marécageux près de Naples, en Italie, passait pour être une autre entrée des Enfers.

à son époux. Et de quoi pourrait-elle se plaindre ? Il l'aimait.

— Adieu ! s'écrie-t-elle.

Hélas ! c'est son dernier adieu, mais il parvient à peine aux oreilles d'Orphée... déjà l'Enfer a reconquis sa proie et Eurydice retombe dans le gouffre d'où elle sortait.

Orphée demeure glacé d'effroi. Perdre deux fois sa compagne ! Il est là, stupéfait, comme s'il avait vu les trois gueules menaçantes de Cerbère. Il reste immobile, pétrifié... Orphée supplie ; il veut en vain repasser le fleuve des Enfers. Mais Charon le repousse : le vieux passeur, hideux avec sa barbe et ses cheveux hirsutes, ne veut pas le laisser monter dans sa barque pour traverser le Styx. Et pourtant, sept jours entiers, couvert de poussière, sans manger ni boire, le malheureux époux reste assis sur la rive du fleuve, se nourrissant seulement du chagrin de son amour perdu, de la douleur de son cœur et de ses larmes. Il accuse de cruauté les dieux infernaux. Enfin, il se réfugie au sommet du Rhodope[1], battu par les vents. Trois ans durant, il refuse de regarder les femmes qui s'approchent de lui pour essayer de le distraire de son chagrin. Elles espèrent lui plaire, mais le veuf inconsolable refuse tout projet de mariage.

Cependant, Orphée charme la terre entière par ses chants : comme un magicien, il attire sur ses pas les forêts, les bêtes féroces et les rochers eux-mêmes qui se mettent à le suivre. Mais voici que, du haut d'une

1. Montagne de Thrace, patrie d'Orphée.

colline, des jeunes femmes du pays des Cicones l'aperçoivent en train de tirer de sa lyre des accords mélodieux pour accompagner ses poèmes. Ce sont des bacchantes, ces prêtresses du dieu Bacchus qui errent dans la campagne comme des folles, la poitrine couverte de peaux de bêtes. Elles sont prises de délire ; l'une d'elles, les cheveux défaits et flottant au vent, s'écrie :

— Le voilà celui qui repousse les femmes, le voilà celui qui nous méprise ! Et elle brandit son thyrse[1] pour frapper la bouche si gracieuse d'Orphée.

Cependant, la pointe enveloppée de feuillage ne le blesse pas : elle laisse juste une trace légère sur son visage. Une autre femme s'arme d'un caillou, mais le projectile, une fois lancé dans les airs, semble vaincu par les accords de la lyre et des chants. Comme pour implorer le pardon d'une audace si criminelle, la pierre vient tomber aux pieds du poète musicien. La fureur de ces folles ne fait que croître ; elles ne connaissent plus de bornes : les Furies se sont emparées d'elles pour les aveugler. Les chants divins d'Orphée auraient pu détourner tous leurs coups, mais une horrible clameur s'élève qui étouffe dans ses éclats discordants les sons harmonieux de la lyre. Les bacchantes soufflent avec fureur dans leur flûte au pavillon recourbé, elles frappent leur tambourin, elles frappent dans leurs mains, frappent, frappent...

1. Bâton surmonté d'une pomme de pin : c'est l'attribut du dieu Bacchus (Dionysos pour les Grecs) et de ses servantes, les bacchantes.

elles hurlent. Alors seulement, les rochers vont se teindre du sang d'Orphée dont ils n'entendent plus la voix.

La troupe des femmes en délire disperse tous les oiseaux, les serpents, les bêtes féroces qu'avaient attirés en foule les accords de la lyre, et qui semblaient être encore sous le charme de la voix d'Orphée. Puis les bacchantes déchaînées saisissent le chanteur lui-même de leurs mains criminelles. Il est piégé comme un oiseau de nuit, surpris dans la plaine au lever du jour par une foule d'oiseaux qui se jettent sur lui, ou comme un cerf qui doit périr à la chasse, livré en proie à une meute féroce. Ainsi les folles entourent Orphée, se jettent sur lui, se servent de leurs thyrses verdoyants pour le frapper. Les unes ramassent des mottes de terre, les autres des branches arrachées, d'autres encore lancent d'énormes cailloux. Tout devient une arme dans leur main féroce.

Non loin de là des bœufs traçaient avec le soc de la charrue des sillons dans la plaine et de robustes laboureurs, qui travaillaient la terre au prix de leur sueur, creusaient le sol dur de leurs champs. À la vue de la troupe furieuse, ils jettent leurs instruments et s'enfuient : partout sur le sol ils abandonnent les sarcloirs, les longues bêches, et les râteaux pesants. Les bacchantes forcenées s'en emparent, arrachent jusqu'aux cornes des bœufs, et reviennent en courant pour achever Orphée. Il tend les mains pour les supplier, mais sa voix, pour la première fois impuissante, leur adresse des prières inutiles. Leurs mains sacrilèges lui donnent la mort, et cette bouche, ô Jupiter !

cette bouche, dont les chants avaient ému jusqu'aux rochers et aux bêtes féroces, laisse passer son âme qui s'envole dans les airs.

Les oiseaux remplis de tristesse, les bêtes féroces, les durs rochers, les forêts, si souvent charmés par tes chants, te pleurent, Orphée. Les arbres laissent tomber leur feuillage, et on dit même que les fleuves se gonflent de leurs propres larmes. Les naïades et les dryades se couvrent de voiles funèbres et laissent flotter leurs cheveux en signe de deuil.

Les membres d'Orphée gisent sur le sol, déchirés, dispersés çà et là. Sa tête et sa lyre sont tombées dans le fleuve Hèbre[1]. Ô prodige ! tandis que le courant les entraîne, la lyre fait entendre des plaintes, la bouche inanimée du poète murmure encore, et les échos du rivage lui répondent. Le fleuve entraîne jusqu'à la mer ces tristes débris, et les vagues les déposent sur le rivage de l'île de Lesbos. Horreur ! un serpent s'apprête à dévorer la tête d'Orphée abandonnée sur le sable : il lèche ses cheveux couverts de gouttelettes d'eau salée, et, la gueule ouverte, il s'apprête à déchirer sa bouche si gracieuse. Mais le dieu Apollon surgit enfin : il change le serpent en un dur rocher ; sa gueule s'immobilise instantanément et se durcit telle quelle, béante.

L'ombre d'Orphée descend dans la demeure des morts : il reconnaît ces lieux qu'il a déjà visités. Dans les champs réservés aux âmes pieuses, il cherche. Il trouve Eurydice et la serre passionnément dans ses

1. Fleuve de Thrace, où se passe la scène.

bras. Là, désormais, les époux sont réunis : tantôt leurs deux ombres se mêlent tandis qu'ils marchent ; tantôt Orphée suit son épouse, tantôt il la précède, et il peut enfin se retourner sans crainte pour regarder son Eurydice.

# La statue de Pygmalion

« Ut rediit, simulacra suae petit ille puellae
incumbensque toro dedit oscula : visa tepere est.
Admovet os iterum, manibus quoque pectora temptat :
temptatum mollescit ebur positoque rigore
subsidit digitis ceditque, ut Hymettia sole
cera remollescit tractataque pollice multas
flectitur in facies ipsoque fit utilis usu. »

Livre X, vers 280 - 286

« Pygmalion se précipite dans son atelier pour y retrouver la statue tant chérie. Il se penche sur le lit où il l'a laissée étendue. Il donne un baiser à sa bien-aimée et... Grands dieux ! ses lèvres sont tièdes ! Le sculpteur approche de nouveau la bouche. Il pose sa main tremblante sur la poitrine de Galatée : il cherche son cœur. Est-ce possible ? au contact de sa main, l'ivoire s'attendrit comme la chair sous le coup d'une émotion : la matière perd peu à peu sa dureté première ; elle s'assouplit sous les doigts ; elle n'offre plus de résistance. Elle obéit, exactement comme la cire qui s'amollit sous les rayons du soleil, et qui, façonnée par le pouce de l'artisan, prend mille formes, se prête à mille usages divers. »

Petit-fils d'Agénor, roi de Chypre, Pygmalion était un sculpteur réputé. Il avait choisi de rester célibataire et refusait énergiquement tout projet de mariage, car il considérait les femmes comme des êtres frivoles qui ne pouvaient emmener que des ennuis.

Cependant, dans le secret de son atelier, Pygmalion a entrepris de sculpter dans l'ivoire une statue unique en son genre : une femme d'une beauté si parfaite que jamais personne n'en a vu ni n'en verra de plus séduisante sur terre. Nuit et jour, l'artiste travaille sans répit. Le talent de l'artiste est exceptionnel. Cette statue, il se l'est promis, sera son chef-d'œuvre. Elle a l'air pudique d'une chaste jeune fille, l'allure d'une mortelle aussi gracieuse qu'une déesse immortelle. Comble de l'art : à voir le résultat, on en oublierait même que ce n'est que de l'art ! On dirait que la statue est vivante, qu'elle respire. Est-ce donc sa pudeur qui l'empêche de bouger ?

Voilà qu'aussitôt le sculpteur s'éprend de sa sculpture. Ébloui, Pygmalion sent son cœur s'enflammer pour son idole d'ivoire. Plusieurs fois, il avance la main : il voudrait la caresser, mais il n'ose pas la toucher. Cette peau si blanche, ces doigts si fins, cette bouche si pulpeuse, est-ce de la chair ? est-ce de l'ivoire ? De l'ivoire, non ! il ne veut pas l'admettre.

Pygmalion ne peut plus résister : il couvre sa statue de baisers. Sa passion est devenue si forte qu'il croit sentir des baisers en retour. Oui, Galatée – c'est ainsi qu'il a choisi de l'appeler – est vivante. Oui, elle va lui rendre tout son amour, il en est sûr !

Tour à tour il lui parle, il la prend dans ses bras. Tantôt il s'imagine que la chair d'ivoire est trop fragile pour supporter la pression de ses doigts et il a peur qu'ils ne laissent leur empreinte sur les membres de la statue ; tantôt il la couvre de caresses.

Le voici qui lui apporte ces petits cadeaux qu'aiment tant les jeunes filles : des coquillages, des cailloux polis, des fleurs multicolores, des lis, des balles peintes. Il lui ramène de petits oiseaux dans des cages dorées, il va lui chercher ces gouttes d'ambre que forment les larmes tombées du tronc des peupliers.

Mais ce n'est pas tout ! Il veut aussi l'habiller : il couvre son corps éblouissant d'une tunique finement tissée. Il glisse à ses doigts des pierres précieuses, accroche à son cou de superbes colliers, à ses oreilles de légers anneaux. Sur sa poitrine, il fait pendre de longues chaînes d'or. Tout rehausse la beauté de la statue. Parfois aussi, il la déshabille : nue, elle ne paraît pas moins belle.

Pygmalion couche Galatée sur des tapis teints de la pourpre de Tyr ; il l'appelle sa bien-aimée, sa tendre compagne. Il pose délicatement sa tête sur des coussins remplis de fin duvet, comme si elle pouvait en sentir la douceur moelleuse.

Voici qu'arrive la fête de Vénus. L'île de Chypre tout entière célèbre avec éclat cette grande journée. Devant le temple de la déesse, les prêtres procèdent aux sacrifices rituels : on égorge des génisses choisies pour la blancheur immaculée de leur pelage ; l'or brille sur leurs cornes recourbées ; l'encens fume.

Pygmalion est venu lui aussi honorer la déesse. Il lui a tressé une splendide couronne de fleurs aux couleurs chatoyantes. Debout devant l'autel, il dépose son offrande et murmure d'une voix timide :

— Grands dieux, vous pour qui tout est possible, donnez-moi une épouse selon mon cœur !

Il n'ose pas nommer sa statue, mais il ajoute dans un dernier chuchotement :

— Faites qu'elle ressemble à celle que j'ai façonnée dans l'ivoire !

Vénus entend sa prière. La déesse parée d'or préside elle-même à ses fêtes et sait se montrer bienveillante envers ceux qui l'honorent. Elle comprend le vœu de Pygmalion. Pour ceux qui connaissent les signes, elle envoie un gage de sa protection divine : sur l'autel où se consument les chairs des bêtes sacrifiées, trois fois la flamme se rallume, trois fois une langue de feu bleutée se dresse dans les airs.

Le cœur battant, Pygmalion court pour rentrer chez lui. Il se précipite dans son atelier pour y retrouver la statue tant chérie. Il se penche sur le lit où il l'a laissée étendue. Il donne un baiser à sa bien-aimée et... Grands dieux ! ses lèvres sont tièdes ! Le sculpteur approche de nouveau la bouche. Il pose sa main tremblante sur la poitrine de Galatée : il cherche son cœur. Est-ce possible ? au contact de sa main, l'ivoire s'attendrit comme la chair sous le coup d'une émotion : la matière perd peu à peu sa dureté première ;

elle s'assouplit sous les doigts ; elle n'offre plus de résistance. Elle obéit, exactement comme la cire qui s'amollit sous les rayons du soleil, et qui, façonnée par le pouce de l'artisan, prend mille formes, se prête à mille usages divers.

Pygmalion reste stupéfait. Intimidé, il a du mal à croire à son bonheur. Il hésite à se réjouir car il craint de se tromper. Sa main caresse, presse encore et encore la statue tant aimée. Mais oui ! Elle est vivante ! Les veines palpitent au contact de ses doigts. Enfin, le sculpteur comblé se hâte d'exprimer à Vénus toute sa reconnaissance : il adresse à la déesse de longues actions de grâces.

Ce n'est plus sur une froide bouche d'ivoire que se pose sa bouche. C'est une vraie jeune fille qui sent les baisers qu'il lui donne : elle les sent et elle rougit. Ses yeux timides s'ouvrent à la lumière : elle voit... Elle voit en même temps la lumière dans le ciel et dans le regard de celui qui lui a donné la vie et l'amour.

Pygmalion épouse Galatée. La déesse Vénus assiste à leur mariage : c'est son œuvre. Plus tard, quand neuf fois la lune aura rapproché ses croissants pour remplir son disque lumineux, la jeune épouse mettra au monde une fille, Paphos. Aujourd'hui encore, l'île de Chypre en a gardé le nom.

# Les malheurs du roi Midas

« Vixque sibi credens, non alta fronde virentem
illice detraxit virgam : virga aurea facta est ;
tollit humo saxum : saxum quoque palluit auro ;
contigit et glebam : contactu gleba potenti
massa fit ; arentis Cereris decerpsit aristas :
aurea messis erat ; demptum tenet arbore pomum :
Hesperidas donasse putes ; si postibus altis
admovit digitos, postes radiare videntur.
Ille etiam liquidis palmas ubi laverat undis,
unda fluens palmis Danaen eludere posset. »

Livre XI, vers 108 - 117

« Il a du mal à croire à son nouveau pouvoir : il est très impatient d'en faire l'essai. Une branche de chêne pendait, bien verte, au-dessus de sa tête : il l'arrache... Merveille ! sous ses doigts, elle se transforme en rameau d'or ! Midas ramasse un caillou, et le caillou prend aussitôt le reflet brillant de l'or ; il touche une motte de terre, et c'est un lingot ; il coupe des épis, et il tient une moisson d'or ; il cueille un fruit, et on croirait voir une pomme d'or du jardin des Hespérides ; il pose ses doigts sur les portes de son palais, l'une après l'autre elles se mettent à resplendir de l'éclat du métal précieux ; il plonge ses mains dans l'eau, et l'eau qui ruisselle entre ses doigts devient une pluie d'or qui séduirait Danaé elle-même. »

Le dieu Bacchus a décidé de descendre sur la terre pour y faire une tournée d'inspection : il veut visiter les vignobles qui poussent sur le mont Tmolus[1] et se promener le long des rives du Pactole, qui ne roulait pas encore dans ses eaux un sable d'or convoité par les mortels[2]. La troupe bruyante des satyres et des bacchantes[3] l'accompagnent. Seul Silène, le fils de Pan, est absent : Bacchus aime beaucoup ce vieux satyre, obèse et chauve, qui l'a gardé avec l'affection d'un père pendant toute son enfance. Silène est toujours gai, mais aussi – il faut bien le dire ! – toujours ivre. D'habitude, monté sur son petit âne gris, il prend la tête du cortège. Mais, ce jour-là, des paysans l'ont surpris en train d'errer en Phrygie, titubant sous le poids de l'âge et du vin : ils l'ont conduit, enchaîné avec des guirlandes de fleurs, jusqu'au palais du roi Midas.

À peine a-t-il reconnu Silène, le compagnon du puissant Bacchus, que Midas célèbre son arrivée par de joyeux festins qui durent dix jours et dix nuits.

---

1. Montagne de Lydie (aujourd'hui en Turquie – voir p. 114).
2. Ce fleuve était célèbre dans l'Antiquité parce qu'il charriait des sables aurifères.
3. Voir p. 153.

Déjà, pour la onzième fois, le soleil avait chassé du ciel l'armée brillante des étoiles, quand le roi, tout joyeux, décide de conduire lui-même le vieux satyre jusqu'en Lydie pour le ramener au jeune dieu qui fut son nourrisson. Ravi d'avoir retrouvé son cher Silène, Bacchus propose à Midas de faire un vœu qu'il promet d'exaucer par avance : belle récompense, en vérité, mais que l'imprudence va rendre inutile !

— Fais donc que tout ce que je touche se transforme en or ! demande Midas et Bacchus lui accorde ce don, tout en regrettant qu'il n'ait pas mieux choisi.

Le roi rentre chez lui, tout joyeux de posséder ce qui, pourtant, va faire son malheur. Il a du mal à croire à son nouveau pouvoir : il est très impatient d'en faire l'essai. Une branche de chêne pendait, bien verte, au-dessus de sa tête : il l'arrache... Merveille ! sous ses doigts, elle se transforme en rameau d'or ! Midas ramasse un caillou, et le caillou prend aussitôt le reflet brillant de l'or ; il touche une motte de terre, et c'est un lingot ; il coupe des épis, et il tient une moisson d'or ; il cueille un fruit, et on croirait voir une pomme d'or du jardin des Hespérides[1] ; il pose ses doigts sur les portes de son palais, l'une après l'autre elles se mettent à resplendir de l'éclat du métal précieux ; il plonge ses mains dans l'eau, et l'eau qui

1. Les Hespérides (les « nymphes du soir » en grec) ont un jardin fabuleux, au pays du couchant (que la légende situe au nord du Maroc, près du détroit de Gibraltar), où poussent des fruits d'or. Hercule vient les cueillir lors de l'un de ses douze travaux.

ruisselle entre ses doigts devient une pluie d'or qui séduirait Danaé elle-même[1]. À peine Midas peut-il se retenir de hurler de joie : il ne voit plus que de l'or partout !

Cependant, les serviteurs ont préparé le repas du roi : ils dressent devant lui des tables chargées de mets appétissants et de corbeilles de fruits. Mais dès que Midas veut saisir la nourriture de ses doigts, celle-ci durcit instantanément ; affamé, il veut dévorer la viande, mais la viande se couvre d'une lamelle d'or dès qu'il approche ses dents ; s'il essaie de boire une gorgée de vin, c'est de l'or fondu qui coule dans sa bouche. Effrayé par ce prodige étrange, qui le rend riche et pauvre tout à la fois, Midas voudrait maintenant renoncer à ce funeste pouvoir : ce don qu'il avait tant désiré, il le maudit ! Plus rien ne peut apaiser sa faim ; une soif ardente dessèche son gosier, et l'or, devenu pour lui détestable, lui cause un supplice bien mérité.

Alors, levant au ciel ses mains et ses bras tout brillants de l'or qu'ils ont touché, le roi supplie :

— Pardonne-moi, puissant Bacchus ! j'avoue ma faute ! pardonne-moi et enlève-moi ces maudites richesses !

Les dieux, parfois, sont indulgents : Bacchus pardonne à Midas une faute qu'il avoue et il le délivre du don qu'il lui avait accordé pour accomplir sa promesse.

---

1. Jupiter a pris la forme d'une pluie d'or pour séduire Danaé, la mère de Persée (voir p. 96).

— Va ! proclame le dieu. Si tu veux te dépouiller de cet or dont ton souhait imprudent t'a enduit les mains, va vers le fleuve qui arrose la ville puissante de Sardes et remonte son cours en suivant la pente de la montagne jusqu'à ce que tu en aies trouvé la source ! C'est là que tu mettras ta tête, juste à l'endroit où l'eau sort des rochers : tu te laveras soigneusement pour te débarrasser à la fois de ton or et de ta faute !

Aussitôt Midas exécute ces ordres : le pouvoir qu'il possédait de tout changer en or passe de son corps dans les eaux et va colorer le fleuve de beaux reflets dorés. Et maintenant encore, depuis qu'il a reçu les germes du précieux filon, le Pactole charrie des paillettes d'or[1].

Cependant, dégoûté de la richesse, Midas n'aime plus désormais que la campagne : il a décidé d'habiter dans la forêt avec le dieu Pan. Mais son intelligence est restée bien mince et sa sottise va encore une fois lui jouer un mauvais tour !

Bien au-dessus de la mer qu'il domine, s'élève la haute montagne du Tmolus : c'est là que Pan prend plaisir à amuser les nymphes de ses chants tout en jouant de la flûte qu'il a inventée[2]. Or, voici qu'un beau jour Pan proclame que son talent est plus grand que celui d'Apollon : il ose défier le dieu dans un concours musical dont le Tmolus sera lui-même l'arbitre. Aussitôt la puissante montagne prend ses dispo-

1. Devenu nom commun, le pactole désigne une grosse somme d'argent.

2. Voir pp. 61-62.

sitions[1] : elle s'assied, écarte de ses oreilles la forêt qui les couvre ; une couronne de vieux chênes lui fait une sombre chevelure et des glands pendent sur ses tempes. Alors, le Tmolus penche la tête et regarde le premier concurrent :

— Le juge est prêt ! dit-il.

Aussitôt Pan se met à souffler dans les tuyaux de sa flûte : il en tire une mélodie champêtre qui charme Midas, debout près de lui.

Pan a terminé : le Tmolus se tourne vers Apollon et toute la forêt qui couvre sa tête a suivi son mouvement. Le brillant fils de Jupiter a couronné ses cheveux blonds des lauriers du mont Parnasse[2] ; les plis de son vêtement teint à la pourpre de Tyr descendent jusqu'à terre. Sa main gauche soutient une lyre ornée d'ivoire et de pierres précieuses ; sa main droite tient un archet : sa pose est celle d'un virtuose de la musique. Ses doigts savants touchent les cordes. Le Tmolus tombe sous le charme des sons divins que le dieu fait résonner sur ses pentes : la montagne proclame que les roseaux de Pan sont vaincus par la lyre d'Apollon et tout le monde s'empresse d'approuver son jugement. Seul, Midas ose discuter : il déclare que l'arbitre est injuste. Apollon, furieux, décide alors de ne pas laisser la forme humaine à des oreilles si gros-

---

1. Ovide personnifie ici avec humour une montagne, comme on avait l'habitude de personnifier les fleuves (voir p. 56).

2. Le laurier est la plante favorite d'Apollon (voir p. 41) ; le mont Parnasse, qui domine le sanctuaire de Delphes, est le séjour favori du dieu, accompagné des neuf Muses.

sières qu'elles ne sont pas capables d'apprécier sa musique ! Il les allonge, les remplit de poils grisâtres et les rend mobiles. Midas, cependant, conserve tout le reste d'un homme : puni dans cette seule partie de son corps, il a désormais des oreilles d'âne !

Rouge de honte, Midas cache ses oreilles sous un large bandeau de laine pourpre. Mais l'un de ses serviteurs l'a vu : c'est son coiffeur, obligé de tailler à grands coups de ciseau les longs cheveux que son maître avait laissé pousser ! L'homme n'ose pas révéler la difformité qu'il a découverte, mais, cependant, il meurt d'envie de la raconter. Incapable de se taire plus longtemps, il sort dans la campagne, creuse la terre, à l'écart de la route, et, à voix basse, murmure dans le trou les paroles qui trahissent le secret de son maître. Puis il recouvre le trou et s'éloigne en silence.

Mais voici qu'à cette même place, une forêt de roseaux se balance : quand le vent souffle, les tiges souples bruissent doucement. Alors, il suffit d'écouter leur murmure pour entendre les paroles enfouies dans la terre : elles racontent le secret des oreilles de Midas.

# Céyx et Alcyone

« Insilit huc, mirumque fuit potuisse : volabat
percutiensque levem modo natis aera pennis,
stringebat summas ales miserabilis undas.
Dumque volat, maesto similem plenumque querellae
ora dedere sonum tenui crepitantia rostro.
Ut vero tetigit mutum et sine sanguine corpus,
dilectos artus amplexa recentibus alis
frigida nequicquam duro dedit oscula rostro. »

Livre XI, vers 731 - 738

« Alcyone monte sur la digue en courant. Prodige ! elle vole. Des ailes viennent de pousser sur son corps, elle fend l'air et rase la surface de l'eau. Elle vole, et de son bec effilé sort un cri semblable aux cris de la douleur. Elle s'abat sur le corps froid et inanimé de Céyx ; elle caresse de ses ailes ces membres chéris et de son bec leur donne de vains baisers. »

Céyx, roi de la cité de Trachis en Thessalie[1], a décidé d'aller consulter l'oracle d'Apollon à Delphes. Comme la route est longue, il veut faire le voyage en bateau pour gagner du temps. Il fait part de son projet à son épouse, la fidèle Alcyone, fille d'Éole, le dieu des vents : aussitôt, elle pâlit ; un froid mortel court dans ses veines, et ses joues se mouillent de larmes. Secouée de sanglots, elle a du mal à parler :

— Qu'ai-je donc fait, mon cher époux, pour que ton cœur ait ainsi changé ? Qu'est devenu ton amour d'autrefois ? Comment peux-tu supporter l'idée de quitter ton Alcyone ! tu prépares un long voyage, tu vas partir : tu m'aimes donc mieux absente ? Si seulement tu prenais la route par la terre, mon chagrin serait le même, mais je ne craindrais pas pour ta vie ! La mer me fait peur : je suis terrifiée à la pensée des écueils et des tempêtes. L'autre jour, sur la plage, j'ai vu les débris d'un naufrage. On n'avait retrouvé aucun corps : j'ai lu des noms sur des tombes vides. Ne crois pas que tu peux naviguer en toute sécurité parce que mon père sait contenir la violence des vents ! je les connais bien, car je les voyais souvent quand j'étais petite, et plus je les connais, plus je les crains. Une fois déchaînée, la tempête n'épargne plus rien : ni terre, ni mer ! Le ciel lui-même n'est pas à l'abri de sa fureur, car l'horrible fracas des nuages déchaîne les éclairs foudroyants. Cher époux ! si ta décision est prise, si mes larmes, si mes prières ne peuvent pas te faire changer d'avis, au moins emmène-

1. Au nord de la Grèce.

moi ! Je n'aurai pas peur du danger, si je le partage avec toi.

Céyx est très ému car il aime sa femme autant qu'elle l'aime, mais il ne veut ni renoncer à son projet ni faire partager les risques à sa chère Alcyone. Il lui dit tout ce qu'il peut trouver pour la rassurer : rien ne peut la consoler. Enfin, il lui fait cette promesse, qui seule calme un peu sa douleur :

— L'idée même de l'absence est insupportable pour moi aussi, mais, je te le jure, si le destin m'est favorable, je serai de retour avant deux mois, juste le temps que la lune ait deux fois rempli son disque !

Cette promesse remet un peu d'espoir dans le cœur d'Alcyone. Aussitôt Céyx se prépare à embarquer : le bateau attend dans le port. Alcyone frémit à sa vue ; ses yeux se remplissent de larmes. Elle embrasse son époux et lui dit un adieu déchirant. Ses jambes ne la portent plus : elle tombe évanouie.

Céyx voudrait s'attarder, mais les marins s'impatientent. Ils larguent les amarres, hissent les vergues au sommet du mât et déploient au vent toutes les voiles qui se gonflent. Alcyone se relève : elle aperçoit, debout sur la poupe recourbée du navire qui s'éloigne, son époux qui agite la main en signe d'adieu muet ; elle lui répond en faisant le même geste. Même quand le vaisseau a gagné la haute mer, même quand ses yeux ne peuvent plus reconnaître les visages, Alcyone suit encore du regard, aussi longtemps qu'elle le peut, la silhouette du bateau qui fuit. Et lorsqu'il disparaît à l'horizon, elle fixe encore son étendard qui flotte au sommet du mât.

Les jours passent. Céyx a déjà fait la moitié du voyage, quand, un soir, à la tombée de la nuit, la mer commence à blanchir, et le vent d'est à souffler avec plus de force.

— Vite ! Amenez les vergues ! s'écrie le pilote, carguez toute la voilure ! Mais le bruit du vent et le fracas des vagues ont couvert sa voix.

Les marins s'agitent alors dans le plus grand désordre : certains se hâtent de retirer les rames, d'autres bouchent les fentes du vaisseau ou détendent les voiles ; on écope l'eau qui commence à pénétrer dans la cale, on ramène vivement les vergues.

Mais, pendant ce temps, la tempête redouble de violence : de tous côtés, les vents déchaînés se livrent de furieux combats et soulèvent d'énormes masses d'eau. Le pilote lui-même cède à la panique : il ne sait ni où il est, ni ce qu'il doit faire, malgré sa grande expérience. Les cris des marins, le grincement des cordages, le choc des vagues qui s'écrasent les unes sur les autres, le fracas du tonnerre, tout se mêle ! Plus noire que le Styx qui coule aux Enfers, la mer est si forte qu'elle semble atteindre le ciel et pousser ses gerbes d'écume jusqu'aux nuages. Le vaisseau a perdu son gouvernail : il est emporté comme un jouet, comme un fétu. Déjà ses jointures craquent, déjà l'enduit de cire qui unit les poutres de sa coque se détache, déjà l'eau s'engouffre par les ouvertures. Les nuages crèvent et laissent échapper des torrents de pluie. On dirait que le ciel tout entier s'abat sur la mer et que la mer explose pour attaquer le ciel : la mer... le ciel... on ne voit plus de différence ! L'obscurité est totale : aucune étoile ! aux ténèbres de la nuit s'ajoutent les ténèbres de la tempête. Seuls les éclairs traversent le ciel d'une lumière menaçante.

Une vague immense, dix fois plus haute que les autres, s'abat alors sur le bateau, comme une armée de fantômes qui se ruent sur le pont et l'envahissent. L'eau est partout. Le pilote est impuissant, les marins sont désespérés : ils pleurent, crient, prient, implorent les dieux, tendent les bras vers le ciel en furie. L'un appelle son père et sa mère, un autre son frère, un autre encore ses enfants : tous revoient ceux qu'ils ont quittés. Céyx ne pense qu'à son Alcyone, ne parle que de son Alcyone, ne regrette qu'elle seule : dans son malheur, il est heureux qu'elle soit absente. Il voudrait se tourner encore une fois du côté de sa patrie, comme s'il pouvait jeter un dernier regard sur son palais... mais il ne voit que le tourbillon vertigineux des flots dans la mer et des nuages dans le ciel. Une violente bourrasque chargée de pluie brise le mât et le gouvernail. Énormes et rugissantes, les vagues se succèdent pour écraser le bateau démembré : elles finissent par l'engloutir dans l'abîme.

Beaucoup de marins meurent noyés, d'autres réussissent à s'accrocher aux débris de bois qui flottent çà et là. Céyx saisit un bout de rame ; il crie :

— Alcyone !

Son nom est dans sa bouche, son image dans sa tête, son amour dans son cœur. Il prie pour que la mer porte son corps jusqu'à elle et que les mains de sa bien-aimée ensevelissent sa dépouille. Tant qu'il peut respirer, il prononce le nom d'Alcyone ; il le murmure encore quand une vague remplit sa bouche et le submerge.

Cependant, Alcyone compte les jours et les nuits : elle ignore le naufrage et ne pense qu'à préparer les vêtements qu'elle mettra pour accueillir son cher Céyx quand il reviendra. Elle se rend souvent au temple de Junon, la déesse protectrice des mariages, pour lui demander de ramener son époux sain et sauf. À la fin, la déesse, émue, ne peut plus supporter ces prières qu'on lui adresse pour un mort : il faut qu'Alcyone apprenne la vérité, aussi cruelle soit-elle ! Junon appelle Iris, sa fidèle messagère, pour lui confier une mission :

— Fais briller ton arc-en-ciel, lui dit-elle, et va d'une aile rapide vers le palais du Sommeil ! Ordonne-lui d'envoyer un songe à Alcyone pour qu'il lui apprenne le sort de son époux.

À ces mots, Iris revêt sa robe aux mille couleurs, fait briller la courbe de son arc dans le ciel, et vole vers le nord jusqu'à une mystérieuse demeure cachée dans les nuages.

C'est là qu'habite le Sommeil paresseux, bien à l'écart des rayons du soleil, au milieu d'un épais brouillard. Pas un bruit, pas une âme qui vive : c'est le royaume du repos silencieux. À l'entrée pousse une moisson de pavots et d'innombrables herbes soporifiques : c'est leur sève que la Nuit recueille pour faire dormir les hommes et les animaux sur la terre. Là, pas de porte qui grince en tournant sur ses gonds, pas de gardien qui surveille le seuil. Au milieu du palais, sur un lit d'ébène garni d'un épais duvet et de grands coussins noirs, le dieu du Sommeil se repose en compagnie de ses fils les Songes, étendus autour de lui, plus nombreux que les épis de blé dans les champs, que les feuilles sur les arbres, que les grains de sable sur la plage.

Iris entre et demande une audience. Le dieu soulève ses paupières alourdies de sommeil pour écouter la messagère :

— Sommeil, toi le plus paisible des dieux, toi qui apportes le repos, la paix de l'âme et le remède à tous les soucis, ordonne aux Songes de rendre visite à Alcyone dans la ville de Trachis en Thessalie : puisque tes fils savent imiter la forme de n'importe quel mortel, commande-leur de lui apparaître sous les traits de son époux naufragé ! C'est l'ordre de Junon !

Iris se retire avant que l'épaisse vapeur qui l'entoure ne la fasse dormir elle aussi. Alors, entre ses mille enfants, le Sommeil appelle Morphée. Nul autre mieux que lui, en effet, ne saurait imiter les traits, la démarche, les vêtements, la voix – jusqu'aux accents les plus familiers – de ceux qu'il est chargé de représenter. Sa spécialité, ce sont les humains. Il se distingue ainsi de ses frères, Phobétor, qui imite les animaux – bêtes féroces, oiseaux, serpents –, et Phantasos, qui se transforme en objets – terre, pierre, eau, bois –[1]. Morphée est fier d'avoir été choisi pour exé-

1. Les Songes sont spécialisés selon la forme qu'ils revêtent dans les rêves des humains. *Morphé* signifie précisément « forme » en grec, *Phobétor* est « celui qui fait peur » et *Phan-*

cuter la mission demandée par Iris : porté par des ailes qui ne font aucun bruit, il s'envole vers Trachis, tandis que son père se rendort déjà sur son lit moelleux.

En un instant Morphée arrive dans le palais de Céyx. Il entre dans la chambre d'Alcyone, dépose ses ailes et prend la forme du roi : nu, livide, cadavérique, il se tient debout devant le lit de la reine. L'eau de mer dégouline de sa barbe et de ses cheveux, des larmes coulent de ses yeux vitreux. Il se penche et murmure :

— Chère épouse, reconnais-tu Céyx ? La mer a déformé mes traits ! Regarde-moi : je ne suis plus que l'ombre de ton époux. Mon Alcyone, tes vœux m'ont été inutiles ! je suis mort. Il ne faut plus que tu nourrisses l'espoir chimérique de mon retour. La tempête a saisi mon navire, elle l'a fracassé de son souffle terrible. Sans cesse, je t'ai appelée, mais la mer a étouffé ma voix. Ce n'est pas un messager dont tu pourrais douter, ce ne sont pas des rumeurs qui t'apprennent le naufrage de ton époux, mais c'est ton époux lui-même qui vient te raconter son malheur. Lève-toi, je t'en prie, et mets tes habits de deuil ! Je ne peux pas descendre aux Enfers tant que tu ne m'auras pas retrouvé.

Alcyone gémit, elle entend la voix de son époux, elle pleure, et elle tend les bras dans son sommeil

---

*tasos* celui qui crée des « fantômes », des « illusions » (*phantasma, phantasia*).

pour embrasser Céyx : elle n'embrasse que le vide ! Elle crie :

— Reste ! Où t'enfuis-tu ? Nous partirons ensemble !

Alors, troublée par l'écho de sa propre voix, elle se réveille. Ses serviteurs accourent à ses cris en portant des flambeaux ; Alcyone cherche partout le fantôme qu'elle vient de voir, mais il a disparu. Elle sent la mort rôder autour d'elle : elle a un affreux pressentiment et n'ose pas se l'avouer. Alors, elle se frappe le visage et la poitrine, déchire sa tunique, s'arrache les cheveux. La douleur l'accable : étouffée par les sanglots, elle ne peut plus parler.

C'était déjà le matin. Alcyone se précipite hors du palais et court vers le port : elle veut revoir l'endroit où elle a embrassé son cher Céyx pour la dernière fois. Elle regarde au loin la mer, et, tout à coup, à la surface de l'eau, elle croit apercevoir la forme d'un corps humain. Alcyone distingue un cadavre : c'est celui d'un naufragé. Bouleversée, elle ne peut s'empêcher de murmurer :

— Ah ! malheureux, qui que tu sois ! Elle est bien malheureuse aussi ton épouse, si tu en as une !

Poussé par les vagues, le corps se rapproche, et plus Alcyone le regarde, plus le sang se glace dans ses veines.

— C'est lui ! crie-t-elle.

Ce cadavre, elle peut enfin le reconnaître : c'est celui de son époux ! Elle tend vers lui ses mains tremblantes :

— C'est donc ainsi, mon cher Céyx, c'est donc ainsi que tu me reviens !...

Au bord de l'eau s'élève une digue construite par les hommes, pour briser la fureur des flots et protéger l'entrée du port. Alcyone y monte en courant. Prodige ! elle vole. Des ailes viennent de pousser sur son corps, elle fend l'air et rase la surface de l'eau. Elle vole, et de son bec effilé sort un cri semblable aux cris de la douleur. Elle s'abat sur le corps froid et inanimé de Céyx ; elle caresse de ses ailes ces membres chéris et de son bec leur donne de vains baisers. Ont-ils ranimé Céyx ? ou la vague, dans son mouvement, a-t-elle simplement soulevé la tête du cadavre ? Mais non, Céyx a bien senti ces baisers ! Les dieux, enfin émus par leurs malheurs, ont métamorphosé les deux époux en oiseaux. Ils sont victimes d'un même destin, et leur amour n'a pas changé : oiseaux, ils sont encore époux. Ils s'unissent, ils ont des enfants. Et, pendant sept jours d'hiver, Alcyone couve ses petits dans son nid suspendu sur les vagues[1]. Alors la mer est paisible, Éole tient les vents sous sa garde : il les empêche de sortir et il assure à ses petits-enfants la tranquillité de la mer.

---

1. Le nom poétique « alcyon » désigne diverses espèces d'oiseaux de mer (martin-pêcheur, mouette, pétrel, goéland). Selon de vieilles légendes populaires, les alcyons passaient pour faire leur nid sur la mer même ; on disait aussi qu'ils couvaient leurs œufs pendant les sept jours précédant et les sept jours suivant le solstice d'hiver : cette période, considérée comme toujours calme, était appelée « jours alcyoniens ».

# Pour découvrir Ovide et les *Métamorphoses*

## Publius Ovidius Naso

– **43, 20 mars** (soit le treizième jour avant les calendes d'avril de l'an 711 de Rome)

Publius Ovidius Naso naît à Sulmone dans le Samnium (aujourd'hui les Abruzzes, à 130 km au sud-est de Rome). La famille d'Ovide appartient à la classe équestre (équivalent de la bourgeoisie aisée). Selon la tradition, le surnom de *Naso* (« le nez ») lui viendrait de l'un de ses aïeux, doté d'un nez particulièrement proéminent.

Ovide a la chance de grandir dans une période de paix et de prospérité, qui succède aux troubles de la guerre civile.

– **27**

Ovide et son frère aîné Lucius (il n'a qu'un an de plus que lui) sont envoyés à Rome par leur père pour y apprendre la rhétorique.

Élève doué, Ovide développe son goût pour les exercices de rhétorique déclamatoire, où le jeu consiste à persuader un personnage historique ou mythologique célèbre de prendre un parti déterminé. Mais il est surtout attiré par la poésie, au point, confiera-t-il bien plus tard, de ne pouvoir écrire qu'en vers : « Mais les mots venaient d'eux-mêmes se plier à la mesure et faisaient des vers de tout ce que j'écrivais. » (*Tristes*, IV, 10, vers 24 - 26).

**– 25**

Ovide n'a que dix-huit ans lorsqu'il lit en public ses premiers poèmes qui rencontrent un vif succès. Il raconte lui-même que, lorsqu'on coupa sa première barbe (une cérémonie importante chez les Romains), il lut des vers au peuple assemblé : peut-être un épisode de son poème mythologique sur la Gigantomachie (la guerre des Géants), l'une de ses productions de jeunesse aujourd'hui perdues.

**– 24**

Mort de Lucius, le frère aîné d'Ovide, à l'âge de vingt ans.

**– 23**

Ovide occupe la première magistrature réservée aux jeunes gens de son âge et de sa classe : c'est sans enthousiasme qu'il exerce ce premier poste de *triumvir* (magistrat chargé d'opérations de police, d'exécution des sentences et de surveillance des prisons). Il décide alors d'abandonner la carrière d'homme politique pour se consacrer à la poésie et célébrer l'amour. Doté d'un grand charme personnel, il fréquente le cercle de Messalla et connaît de plus ou moins près tous les grands poètes de son temps.

**– 20**

Ovide achève sa formation de droit par le classique séjour à Athènes, parcourt la Grèce, l'Asie mineure et la Sicile, puis s'installe définitivement à Rome, où il exerce pendant un temps le métier d'avocat pour satisfaire le désir de son père. Mais seule la poésie le passionne ; il compose des œuvres d'une éblouissante virtuosité pour un public très cultivé (il écrit sans doute ses premières *Héroïdes*). Il compose aussi une tragédie, *Médée*, aujourd'hui perdue.

**– 15**

Ovide publie les *Amours* : un recueil de poèmes à la gloire de l'amour et de la femme aimée (une sorte de synthèse idéalisée des amantes que le poète a pu connaître et à laquelle il a donné le nom de Corinne).

**– 4**

Ovide compose les *Héroïdes* : quatorze lettres fictives adressées par de grandes héroïnes mythologiques à leurs maris ou à leurs amants absents, comme Ariane à Thésée, Déjanire à Hercule, Pénélope à Ulysse ou encore Didon à Énée, plus trois « paires » de lettres comprenant une réponse, comme Pâris à Hélène suivi de la réponse d'Hélène à Pâris.

**– 1**

Ovide publie l'*Art d'aimer* (des conseils aux jeunes gens pour améliorer leur technique de séduction) qui déplaît à l'empereur Auguste pour son manque de moralité, et se met à écrire les *Métamorphoses*.

**2 après J.-C.**

Ovide publie sans doute les *Cosmétiques* (une sorte de livre de recettes de maquillage), un troisième livre à l'*Art d'aimer* (des conseils de séduction pour les femmes) et les *Remèdes à l'amour* (des conseils pour guérir du mal d'aimer).

**4**

Ovide, qui s'est marié trois fois, est un poète heureux, prisé par tous les cercles mondains, célèbre pour ses déclamations et ses improvisations.

Il continue à travailler à ses *Métamorphoses* et compose

les *Fastes* : ce commentaire poétique du calendrier rituel de Rome (origines mythiques des fêtes et des cultes, anniversaires des grands événements nationaux décrits jour par jour) est destiné à s'inscrire « sagement » dans le cadre de la politique culturelle et religieuse (restauration des valeurs de l'État) voulue par Auguste.

**8**

Sur ordre de l'empereur Auguste, Ovide est exilé aux confins de l'Empire romain, à Tomes sur les bords de la mer Noire (aujourd'hui Constantza en Roumanie). On ne donne pas au poète l'occasion de s'expliquer, mais il laissera entendre plus tard qu'il a vu quelque chose qu'il ne devait pas voir, sans jamais dire ce que c'était, peut-être dans l'espoir de pouvoir rentrer un jour.

On ignore donc les causes exactes de la sentence d'exil qui s'abat brutalement sur Ovide à la fin de l'année : immoralité de certains poèmes (officiellement, le châtiment concerne l'*Art d'aimer*, jugé comme une apologie du « libertinage ») ? affaire d'adultère en relation avec la petite-fille de l'empereur ? intrigues politiques liées aux spéculations sur la succession d'Auguste ? pratiques magiques sacrilèges ? goût suspect pour le néo-pythagorisme, réprouvé par la religion officielle qui condamne les cultes étrangers ?

**Vers 10**

Ovide compose les *Tristes* : un recueil de poèmes où Ovide exprime ses plaintes et tente de se justifier. Ses ouvrages sont interdits dans les trois bibliothèques publiques de Rome sur ordre d'Auguste.

**14**

Mort d'Auguste. Tibère lui succède.

Vers la fin du règne d'Auguste, Ovide a multiplié les recours en grâce en s'adressant à Tibère et à Germanicus, sans succès. Après la mort de l'empereur, il n'obtient toujours pas la permission du retour.

Il continue les *Tristes* et se met aux *Pontiques* : un recueil de lettres envoyées du Pont (le nom ancien de la mer Noire, d'où le titre), où le poète s'adresse à sa femme, demeurée à Rome, à ses amis, dont il sollicite la compassion et fustige l'indifférence, pour les supplier de permettre son retour.

Il compose encore l'*Ibis* (une satire visant un ancien ami qui avait essayé de s'emparer de sa fortune après son exil) et commence les *Halieutiques* (un poème sur les poissons et l'art de la pêche).

**17 ou 18**

Mort d'Ovide en exil, à l'âge de soixante ans.

L'exil n'avait pas empêché Ovide de rester très populaire à Rome. Son œuvre demeure un modèle pour la postérité : il est le poète latin le plus admiré, le plus imité au Moyen Âge et les *Métamorphoses* l'œuvre la plus lue de la littérature antique.

## La composition des *Métamorphoses*

Célèbre pour ses œuvres consacrées à l'amour, Ovide conçoit un vaste projet : composer un immense poème mythologique qui pourra rivaliser avec les épopées de ses prestigieux modèles, Homère et Virgile.

Il commence à écrire ses *Metamorphoseon libri* (« les livres des Métamorphoses ») en l'an 1 av. J.-C. Son recueil est sans doute quasiment terminé quand il est exilé par Auguste en 8 ap. J.-C. au bord de la mer Noire. Ovide en a certainement donné lui-même des lectures publiques, selon l'habitude des salons où se réunit l'élite romaine. Mais au moment de partir, il brûle son manuscrit, avec beaucoup d'autres de ses poèmes. Pourtant, comme des copies circulent déjà à Rome, il se résout à reprendre son texte auquel il apporte de nombreuses corrections.

Ce poème, le plus long que nous ait légué l'Antiquité, est composé de 11 996 hexamètres dactyliques (le vers épique par excellence, l'équivalent de notre alexandrin), réunis en quinze livres.

Pour organiser ses quelque deux cent cinquante histoires et leur donner une unité, sans tomber dans un catalogue ou un dictionnaire, Ovide a choisi un fil conducteur chronologique : la création du monde et les débuts de l'humanité (livre I), les temps légendaires (celui des héros comme Persée, Jason, Thésée, Orphée), les temps homériques (la guerre de Troie), les origines de Rome (Énée, Romulus et Rémus). Il finit avec son temps : le meurtre de Jules César et sa transformation en astre, la célébration du règne d'Auguste (livre XV).

La tradition mythologique grecque et romaine fournit la matière de ces aventures où interviennent dieux et déesses, nymphes et satyres, héros et héroïnes divinisés ou simples mortels, tour à tour métamorphosés en pierres, plantes, animaux ou constellations. Dans cette abondante matière, Ovide a sélectionné les épisodes les plus représentatifs et soigné les transitions.

À l'intérieur de chaque chant, le poème se déroule de manière continue (ce sont les traducteurs modernes qui ont introduit des intertitres pour faciliter la lecture). Ainsi se dessine une sorte de « chant du monde », immense et continu (un *carmen perpetuum*, selon les mots d'Ovide) : une manière poétique et « baroque » de rendre compte de la diversité de l'univers et de son instabilité tout en humanisant ses lois.

In nova fert animus mutatas dicere formas
corpora ; di, coeptis (nam vos mutastis et illas)
adspirate meis primaque ab origine mundi
ad mea perpetuum deducite tempora carmen !

*Métamorphoses*, Livre I, vers 1 - 4

J'ai formé le dessein de raconter les transformations des êtres en des formes nouvelles. Ô dieux (car ces transformations ont été, elles aussi, votre œuvre), favorisez mon entreprise et guidez le déroulement ininterrompu de mon poème depuis l'origine même du monde jusqu'à ce temps qui est le mien.

## TABLE

« Pour l'éditeur, le principe est d'utiliser des papiers composés de fibres naturelles, renouvelables, recyclables et fabriquées à partir de bois issus de forêts qui adoptent un système d'aménagement durable. En outre, l'éditeur attend de ses fournisseurs de papier qu'ils s'inscrivent dans une démarche de certification environnementale reconnue. »

*Composition PCA - 44400 Rezé*

Achevé d'imprimer en Espagne par LIBERDÚPLEX
Sant Llorenç d'Hortons (08791)

32.10.2475.5/01 - ISBN : 978-2-01-322475-8
*Loi nº 49-956 du 16 juillet 1949 sur les publications destinées à la jeunesse*
*Dépôt légal: septembre 2007*